Poesías inmortales para toda ocasión

COLECCION
UNIVERSO

René de la Puente

Poesías inmortales para toda ocasión

EDITORIAL DIANA
MEXICO

1a. Edición, Noviembre de 1988
10a. Impresión, Octubre del 2001

ISBN 968-13-2529-X

ÍNDICE

SOLO PARA SOLITARIOS 141

LOS PREFERIDOS 167

PARÉNTESIS DE NIÑOS 185

PAISAJES 203

DE LA PATRIA, LA HISTORIA
Y LOS HÉROES 215

PRÓLOGO

Este libro es una invitación para que usted nos acompañe en un fascinante recorrido por el mundo de la poesía. Conocerá aquí a grandes poetas y los mejores ejemplos de sus obras. Por supuesto no están todos. Sin embargo, los que se incluyen son suficientes para que usted aprecie las diversas tendencias de la lírica universal.

En esta selección, que es personal y, por lo tanto, dependiente de las preferencias del compilador, predomina aquella poesía que es familiar a todos nosotros, sin que se exprese otro juicio de valor que la notable permanencia de estos textos en la memoria colectiva.

Por lo demás, el viejo apotegma de que "sobre gustos no hay nada escrito", tiene en estas páginas una excelente oportunidad de ponerse a prueba, sobre todo en la inevitable comparación entre autores muy disímiles —buenos y malos, según la crítica oficial— y que, aquí, conviviendo tranquila y fluidamente, revelan al lector perspicaz la razón de sus éxitos.

De modo intencional, hemos evitado las clasificaciones escolares y el comentario especializado, justamente porque ello limitaría una primera aproximación del lector al material poético.

Aún así, se incluye un índice biobibliográfico, con referencias mínimas e indispensables sobre los autores seleccionados. Se trata de breves fichas que informan sobre nacionalidad, fecha de nacimiento, corriente literaria a que pertenecen o pertenecieron, y sus obras más significativas.

Igualmente validando la subjetividad del método empleado, los poemas elegidos se agrupan por temas, fórmula que permite descubrir la amplia variedad de aspectos que son objeto de la inspiración de los poetas. Tampoco, y eso debe confesarse, hemos logrado abarcarlos todos. Empero, aspiramos a que los incluidos sean, a lo menos, los más representativos, en una secuencia que va del amor a la muerte.

A diferencia de muchas antologías en boga, ésta posee un mérito que, inclusive con modestia, tiene que señalarse: no hay en estas páginas, ni abierta ni encubiertamente, poema alguno del compilador. Las intromisiones de éste, se limitan a brevísimas reflexiones que marcan la división temática. Eso es una garantía.

La otra, y no menos importante, es que, con oportuna comunicación, algunas omisiones o exclusiones llamativas, podrán incluírse en subsiguientes ediciones.

René de la Puente
D.F., México.

LA PLENITUD DEL AMOR

El poeta vive el amor una y otra vez. "Ay amor, amor, ay amor, amor", murmura en el trance del descubrimiento. No se mide, no calcula.

Únicamente espera que venga el milagro de la detención del tiempo, para seguir llamando sin rubores al objeto —nunca oscuro— del amor o del deseo. Y, a lo largo del tiempo, teje y desteje la palabra en los viejos motivos: miradas desde el corazón, besos robados, atardeceres inolvidables, interrogantes dolorosas.

De ese modo, en las especialidades de la poesía, cantar al amor es oficio principal de poetas.

SALMO DE AMOR

Eduardo Marquina

¡Dios te bendiga, amor, porque eres bella!
¡Dios te bendiga, amor, porque eres mía!
¡Dios te bendiga, amor, cuando te miro!
¡Dios te bendiga, amor, cuando me miras!

Dios te bendiga si me guardas fe:
Si no me guardas fe, ¡Dios te bendiga!
¡Hoy que me haces vivir, bendita seas:
Cuando me hagas morir, seas bendita!

Bendiga Dios tus pasos hacia el bien;
tus pasos hacia el mal, ¡Dios lo bendiga!
¡Bendiciones a ti cuando me acoges:
bendiciones a ti cuando me esquivas!

¡Bendígate la luz de la mañana
que al despertar hiere tus pupilas:
bendígate la sombra de la noche,
que en su regazo te hallará dormida!

¡Abra los ojos para bendecirte
antes que sucumbir, el que agoniza!
¡Si al herir te bendice el asesino,
que por su bendición Dios le bendiga!

¡Bendígate el humilde a quien socorras!
¡Bendígante al nombrarte tus amigas!
¡Bendígante los siervos de tu casa!
¡Los complacidos deudos te bendigan!

¡Te de la tierra bendición en flores,
Y el tiempo en copia de apacibles días.
Y el mar se aquiete para bendecirte,
y el dolor se eche atrás y te bendiga!

¡Vuelva a tocar con el nevado lirio
Gabriel tu frente y la declare ungida!
¡Dé el cielo a tu piedad don de milagro
y sanen los enfermos a tu vista!

¡Oh, querida mujer!... Hoy que me adoras
todo de bendiciones es el día!
Yo te bendigo y quiero que conmigo
Dios y el cielo y la tierra te bendigan.

EL DIVINO AMOR

Alfonsina Storni

Te ando buscando, amor que nunca llegas
Te ando buscando, amor que te mezquinas,
Me aguzo por saber si me adivinas,
Me doblo por saber si te me entregas.

Las tempestades mías, andariegas,
Se han aquietado sobre un haz de espinas;
Sangran mis carnes gotas purpurinas
Porque a salvarte, oh niño, te me niegas.

Mira que estoy de pie sobre los leños,
Que a veces bastan unos pocos sueños
Para encender la llama que me pierde.

Sálvame, amor, y con tus manos puras
Trueca este fuego en límpidas dulzuras
y haz de mis leños una rama verde.

CONFESIÓN

Paul Geraldy
(Trad. Ismael E. Arciniegas)

Se que soy irritable, celoso, imperativo,
infeliz, exigente, que razones no escucho;
que siempre estoy buscándote querellas sin motivo;
¡y crees que no te quiero... y es que te quiero mucho!
Te busco, te regaño, y hago tu vida triste...
Serías más dichosa, por todos consentida,
si para mí no fueras cuanto en el mundo existe,
y si este amor no fuera todo el bien de mi vida.

ME DA MIEDO QUERERTE

Pedro Mata

Me da miedo quererte. Es mi amor tan violento
que yo mismo me asusto de mi modo de amar;
de tal forma me espanta mi propio pensamiento
que hay noches que no quiero dormir por no soñar.

No sé lo que me pasa. Pero hay veces que siento
unos irresistibles deseos de matar:
respiro olor de sangre y luego me arrepiento
y me entran unas ganas muy grandes de llorar.

¡Oh, si en esos momentos pudiera contemplarte
dormida entre mis brazos!..., si pudiera besarte
como nunca hombre alguno a una mujer besó...,

después, rodear tu cuello con un cordón de seda
y apretar bien el nudo, ¡para que nadie pueda
poner los labios donde feliz los puse yo!

PENA Y ALEGRÍA DEL AMOR

Rafael de León

Mira cómo se me pone
la piel, cuando te recuerdo.
Por la garganta me sube
un río de sangre fresca,
de la herida que atraviesa,
de parte a parte mi cuerpo.
Tengo clavos en las manos,
y cuchillos en los dedos,
y en la sien, una corona
hecha de alfileres negros.
Mira cómo se me pone
la piel cuando recuerdo
que soy un hombre casado...
¡y sin embargo, te quiero!
Entre tu casa y mi casa
hay un muro de silencio;
de ortigas y de amapolas,
de cal de arenas y viento,
de madreselvas oscuras
y de vidrios en acecho.
Un muro para que nunca
lo pueda saltar el pueblo,
que anda rondando la llave
que guarda nuestro secreto
Y yo bien sé que me quieres,
y tú sabes que te quiero,

y lo sabemos los dos,
y nadie puede saberlo...
¡Ay, pena, penita, pena
de nuestro amor en silencio!
¡Ay, qué alegría, alegría
quererte como te quiero!
Cuando por la noche a solas,
me quedo con tu recuerdo,
derribaría la pared
que separa nuestro sueño
Rompería con mis manos
de tu cancela los hierros
con tal de verme a tu lado,
tormento de mis tormentos,
y te estaría besando
hasta quitarte el aliento.
Y luego..., ¡qué se me da
quedarme en tus brazos, muerto!...
¡Ay, que alegría y qué pena
quererte como te quiero!
Nuestro amor es agonía,
lucha, angustia, llanto, miedo,
muerte, pena, sangre, vida,
luna, rosa, sol y viento.
Es morirse a cada paso
y seguir viviendo, luego,
con una espada de punta
siempre pendida del techo.
Salgo de mi casa al campo
sólo con tu pensamiento,
para acariciar a solas
la tela de aquel pañuelo
que se te cayó un domingo
cuando venías del templo,

y que no te he dicho nunca,
mi vida, que yo lo tengo;
y lo aprieto entre mis manos
lo mismo que un limón nuevo,
y miro tus inciales,
y las repito en silencio
para que ni el campo sepa
lo que yo te estoy queriendo...
Ayer, en la Plaza Nueva,
—mi vida, no vuelva a hacerlo—
te vi besar a mi hijo,
a mi hijo, el más pequeño,
y cómo lo besarías,
¡ay, Virgen de los Remedios!
que fue la primera vez
que tú me diste un beso.
Llegué a mi casa corriendo
alcé mi niño del suelo
y, sin que nadie me viera,
como un ladrón en acecho,
en su cara de amapola
mordió mi boca tu beso,
¡Ay, qué alegría y qué pena
quererte como te quiero!
Mira: pase lo que pase,
aunque se hunda el firmamento,
aunque la tierra se abra,
aunque lo sepa to' el pueblo
y ponga nuestra bandera
de amor a los cuatro vientos,
¡sígueme queriendo así
tormento de mis tormentos!
¡Ay, qué alegría y qué pena
quererte como te quiero!

SONETO A TUS VÍSCERAS

Baldomero Fernández Moreno

Harto ya de alabar tu piel dorada,
tus externas y muchas perfecciones,
canto al jardín azul de tus pulmones
y a tu traquea ondulante y anillada.

Canto a tu masa intestinal rosada,
al bazo, al páncreas y a los epiplones,
al doble filtro gris de tus riñones,
y a tu matriz profunda y renovada.

Canto al tuétano dulce de tus huesos,
a la linfa que embebe tus tejidos,
al acre olor orgánico que exhalas.

Quiero gastar tus vísceras a besos,
vivir dentro de tí con mis sentidos,
¡yo soy un sapo negro con dos alas!

SONETO

Pietro Aretino

—Amémonos sin tasa ni medida,
puesto que para amar hemos nacido;
adora nuestros bienes; te lo pido,
pues sin ellos, ¿valdría algo la vida?

Y si aún después de ésta ya extinguida
fuese posible amar, mi bien querido,
a gritos pediría el bien perdido
para seguir gozando todavía.

Gocemos, pues, cual lo hizo regiamente
la primera pareja de mortales
aconsejados bien por la serpiente.

Que nos perdieron por amar, se dice;
blasfemias necias son los dichos tales,
que sólo quien no ama es infelice.
. . . .
. . . .

ROPA LIMPIA

Rafael Arévalo Martínez.

Le besé la mano y olía a jabón;
yo llevé la mía contra el corazón.

Le besé la mano breve y delicada
y la boca mía quedó perfumada.

Muchachita limpia, quien a ti se atreva
que como tus manos huela a ropa nueva.

Besé sus cabellos de crencha andulada;
¡si también olían a ropa lavada!

¿A qué linfa llevas tu cuerpo y tu ropa?
¿En qué fuente pura te lavas la cara?
Muchachita limpia, si eres una copa
llena de agua clara.

ALMA VENTUROSA

Leopoldo Lugones

Al promediar la tarde de aquel día,
cuando iba mi habitual adiós a darte,
fue una vaga congoja de dejarte
lo que me hizo saber que te quería.
Tu alma, sin comprenderlo, ya sabía...
Con tu rubor me iluminó al hablarte,
y al separarnos te pusiste aparte
del grupo, amedrentada todavía.
Fue silencio y temblor nuestra sorpresa;
mas ya la plenidtud de la promesa
nos infundía un júbilo tan blando,
que nuestros labios suspiraron quedos...
Y tu alma estremecíase en tus dedos
como si se estuviera deshojando.

"¡CUÁN BELLA SOIS, SEÑORA!"

Ludovico Ariosto

¡Cuán bella sois, señora! Lo sois tanto,
que yo no vi jamás cosa más bella;
miro la frente y pienso que una estrella
mi senda alumbra con un brillo santo.

Miro la boca, y quedo en el encanto
de la dulce sonrisa que destella;
miro el áureo cabello, y veo aquella
red que amor me tendió con tierno canto.

Y de terso alabastro el seno y cuello,
los brazos y las manos, finalmente
cuando de vos se mira o bien se cree.

Es admirable ¡oh sí!... y a pesar de ello
permitid que os lo diga osadamente;
mucho más admirable es aún mi fe.

LA COMPAÑERA

Efraín Barquero

Así es mi compañera.
La he tomado de entre los rostros pobres
con su pureza de madera sin pintar,
y sin preguntar por sus padres
porque es joven, y la juventud es eterna,
sin averiguar dónde vive
porque es sana, y la salud es infinita como el agua,
y sin saber cuál es su nombre
porque es bella, y la belleza no ha sido bautizada.
Es como las demás muchachas
que se miran con apuro en el espejo trizado de la
                                                    [aurora
antes de ir a sus faenas. Así es,
y yo no sé si es más bella o más fea que las otras,
si el vestido de fiesta le queda mal,
o la ternura equivoca a menudo sus palabras;
yo no sé,
pero sé que es laboriosa.
Como los árboles,
teje ella misma sus vestidos,
y se los pone con la naturalidad del azahar,
como si los hiciera de su propia substancia,
sin preguntarle a nadie, como la tierra,
sin probárselos antes, como el sol,
sin demorarse mucho, como el agua.

Es una niña del pueblo,
y se parece a su calle en un día de trabajo
con sus caderas grandes como las artesas o las
[cuñas;
así es, y es más dulce todavía,
como agregar más pan a su estatura,
más carbón a sus ojos ardientes,
más uva a su ruidosa alegría.

¡QUIÉN SUPIERA ESCRIBIR!

Ramón de Campoamor

I

—Escribidme una carta, señor Cura.
—Ya sé para quién es.
—¿Sabéis quién es porque una noche oscura
nos visteis juntos?— pues.
—Perdonádme, mas... —no extraño ese tropiezo.
La noche... la ocasión...
Dadme pluma y papel. Gracias. Empiezo:
Mi querido Ramón.
—¿Querido?... Pero, en fin, ya lo habéis puesto.
—Si no queréis... —¡sí, sí!
¡Qué triste estoy! ¿No es eso? —por supuesto.
—¡Qué triste estoy sin ti!
Una congoja, al empezar, me viene...
—¿Cómo sabéis mi mal?...
—Para un viejo, una niña siempre tiene
el pecho de cristal.
¿Qué es sin ti el mundo? Un valle de amargura
¿Y contigo? Un Edén.
—Haced la letra clara, señor Cura;
que lo entienda eso bien.
—**El beso que de marchar a punto**
te di... —¿cómo sabeis?...
—Cuando se va y se viene y se está junto
siempre..., No os afrenteis.

31

Y si volver tu afecto no procura,
tanto me hará sufrir...
—¿Sufrir y nada más? No, señor Cura,
¡que me voy a morir!
—¿Morir? ¿Sabéis que es ofender al cielo?...
—¡Pues, sí, señor Morir!
—Yo no pongo **morir**.- ¡Qué hombre de hielo!...
¡Quién supiera escribir!

II

¡Señor Rector, señor Rector! en vano
me queréis complacer,
si no encarnan los signos de la mano
todo el ser de mi ser.
Escribidle, por Dios, que el alma mía
ya en mí no quiere estar:
que la pena no me ahoga cada día
porque puedo llorar;
que mis labios, las rosas de su aliento,
no saben abrir;
que olvidan de la risa el movimiento
a fuerza de sentir;
que mis ojos, que él tiene por tan bellos,
cargados con mi afán,
como no tienen quién se mire en ellos,
cerrados siempre están;
que es, de cuantos tormentos he sufrido,
la ausencia el más atroz;
que es un perpetuo sueño de mi oído
el eco de su voz...,
que siendo por su causa, el alma mía
¡goza tanto en sufrir!...
¡Dios mío, cuántas cosas le diría,
si supiera escribir!...

III

Pues, señor, ¡bravo amor! copio y concluyo:
A Don Ramón... en fin,
que es inútil saber para esto, arguyo,
ni el griego ni el latín.

LA CASADA INFIEL

Federico García Lorca

Y que yo me la llevé al río
creyendo que era mozuela
pero tenía marido.

Fue la noche de Santiago
y casi por compromiso.
Se apagaron los faroles
y se encendieron los grillos.
En las últimas esquinas
toqué sus pechos dormidos,
y se me abrieron de pronto
como ramos de jacintos.
El almidón de su enagua
me sonaba en el oído
como una pieza de seda
rasgada por diez cuchillos.
Sin luz de plata en sus copas
los árboles han crecido
y un horizonte de perros
ladra muy lejos del río.

Pasadas las zarzamoras
los juncos y los espinos,
bajo su mata de pelo
hice un hoyo sobre el limo.
Yo me quité la corbata.

Ella se quitó el vestido.
Yo el cinturón con revólver.
Ella sus cuatro corpiños.
Ni dardos ni caracolas
tienen el cutis tan fino,
ni los cristales con luna
relumbran con ese brillo.
Sus muslos se me escapaban
como peces sorprendidos,
la mitad llenos de lumbre,
la mitad llenos de frío.
Aquella noche corrí
el mejor de los caminos,
montado en potra de nácar
sin bridas y sin estribos.
No quiero decir, por hombre,
las cosas que ella me dijo.
La luz del entendimiento
me hace ser comedido.
Sucia de besos y arena
yo me la llevé del río.
Con el aire se batían
las espadas de los lirios.

Me porté como quien soy.
Como un gitano legítimo.
Le regalé un costurero
grande, de raso pajizo,
y no quise enamorarme
porque teniendo marido
me dijo que era mozuela
cuando la llevaba al río.

ALTAZOR
(Fragmento)

Vicente Huidobro

Mujer el mundo está amueblado por tus ojos
Se hace más alto el cielo en tu presencia
La tierra se prolonga de rosa en rosa
Y el aire se prolonga de paloma en paloma.

Al irte dejas una estrella en tu sitio
Dejas caer tus luces como el barco que pasa
Mientras te sigue mi canto embrujado
Como una serpiente fiel y melancólica
Y tú vuelves la cabeza detrás de algún astro.

¿Qué combate se libra en el espacio?
Esas lanzas de luz entre planetas
Reflejo de armaduras despiadadas
¿Qué estrella sanguinaria no quiere ceder al paso?
En dónde estás triste noctámbula
Dadora de infinito
Que pasea en el bosque de los sueños.

Heme aquí perdido entre mares desiertos
Solo como la pluma que se cae de un pájaro en la
[noche

Heme aquí en una torre de frío
Abrigado del recuerdo de tus labios marítimos
Del recuerdo de tus complacencias y de tu cabellera
Luminosa y desatada como los ríos de montaña
¿Irías a ser ciega que Dios te dio esas manos?
Te pregunto otra vez

El arco de tus cejas tendido para las armas de tus
[ojos
En la ofensiva alada vendedora segura con orgullos
[de flor
Te hablan por mí las piedras aporreadas
Te hablan por mí las olas de pájaros sin cielo
Te habla por mí el color de los paisajes sin viento
Te habla por mí el rebaño de ovejas taciturnas
Dormido en tu memoria
Te habla por mí el arroyo descubierto
La yerba sobreviviente atada a la aventura
Aventura de luz y sangre de horizonte
Sin más abrigo que una flor que se apaga
Si hay un poco de viento.

AMOR PERDIDO

Y, por supuesto, es regla del amor, el abandono,
que tiene infinidad de paisajes: estaciones
nocturnas, puertos desolados, muelles en el alba,
tardes en que la lluvia golpea los cristales, cuartos
a media luz, parques crepusculares... vacío,
enfrentando la interminable oscuridad de un largo
túnel, el poeta se desgarra pidiendo comprensión.

Pero está solo..., para fortuna de la poesía.

LA COSTURERITA QUE DIO AQUEL MAL PASO

Evaristo Carriego

La costurerita que dio aquel mal paso...
—y lo peor de todo, sin necesidad—
con el sinvergüenza que no la hizo caso
después... —según dicen en la vecindad—,
se fue hace dos días. Ya no era posible
fingir por más tiempo. Daba compasión
verla aguantar esa maldad insufrible
de las compañeras, ¡tan sin corazón!
Aunque a nada llevan las conversaciones,
en el barrio corren mil suposiciones
y hasta en algo grave se llega a creer,
¡Qué cara tenía la costurerita,
qué ojos más extraños, esa tardecita
que dejó la casa para no volver!...

NOCTURNO (A ROSARIO)

Manuel Acuña

Pues bien, yo necesito
decirte que te adoro
decirte que te quiero
con todo el corazón;
que es mucho lo que sufro,
y mucho lo que lloro,
que ya no puedo tanto,
y al grito que te imploro,
te imploro y hablo en nombre
de mi última ilusión.
Yo quiero que tú sepas
que ya hace muchos días
estoy enfermo y pálido
de tanto no dormir;
que ya se han muerto todas
las esperanzas mías,
que están mis noches negras,
tan negras y sombrías,
que ya no sé ni en dónde
se alzaba el porvenir.
De noche, cuando pongo
mis sienes en la almohada
y hacia otro mundo quiero
mi espíritu volver,
camino mucho, mucho,
y al fin de la jornada

las formas de mi madre
se pierden en la nada
y tú de nuevo vuelves
en mi alma a aparecer.
Comprendo que tus besos
jamás han de ser míos,
comprendo que en tus ojos
no me he de ver jamás
y te amo, y en mis locos
y ardientes desvaríos
bendigo tus desdenes
adoro tus desvíos,
y en vez de amarte menos
te quiero mucho más.
A veces pienso darte
mi eterna despedida,
borrarte en mis recuerdos
y hundirte en mi pasión;
mas si es en vano todo
y el alma no te olvida
¿qué quieres tú que yo haga
pedazo de mi vida?
¿Qué quieres tú que yo haga
con este corazón?
Y luego que ya estaba
concluido tu santuario,
tu lámpara encendida,
tu velo en el altar;
el sol de la mañana
detrás del campanario,
chispeando las antorchas,
humeando el incensario,
y abierta allá a lo lejos
la puerta del hogar...

¡Qué hermoso hubiera sido
vivir bajo aquel techo,
los dos unidos siempre
y amándonos los dos;
tú siempre enamorada,
yo siempre satisfecho,
los dos una sola alma
los dos un solo pecho,
y en medio de nosotros
mi madre con un Dios!
¡Figúrate qué hermosas
las horas de esta vida!
¡Qué dulce y bello el viaje
por una tierra así!
Y yo soñaba en eso,
mi santa prometida;
y al delirar en eso
con la alma estremecida,
pensaba yo en ser bueno
por ti, no más, por ti.
¡Bien sabe Dios que ése era
mi más hermoso sueño,
mi afán y mi esperanza,
mi dicha y mi placer;
bien sabe Dios que en nada
cifraba yo mi empeño,
sino en amarte mucho
bajo el hogar risueño
que me envolvió en sus besos
cuando me vio nacer!
Ésa era mi esperanza...,
mas ya que a sus fulgores
se opone el hondo abismo
que existe entre los dos,

¡adiós por la vez última,
amor de mis amores,
la luz de mis tinieblas,
la esencia de mis flores,
mi lira de poeta,
mi juventud, adiós!

LA PARTIDA

Lord Byron

¡Todo acabó! La vela temblorosa
se despliega a la brisa de la mar,
y yo dejo esta playa cariñosa
en donde queda la mujer hermosa,
¡ay!, la sola mujer que puede amar.
Si pudiera ser hoy lo que antes era
y mi abatida frente reclinar
en aquel seno que por mí latiera,
quizá no abandonara esta ribera
y a la sola mujer que puede amar.
Yo no he visto hace tiempo aquellos ojos
que fueron mi contento y mi pesar;
hoy los amo a pesar de sus enojos;
pero abandono a Albión, tierra de abrojos,
y a la sola mujer que pude amar.
Y rompiendo las olas de los mares
a tierra extraña patria iré a buscar;
mas no hallaré consuelo a mis pesares,
y pensaré desde extranjeros lares
en la sola mujer que pude amar.
Como una viuda tórtola doliente
mi corazón abandonado está;
porque en medio de la turba indiferente
jamás encuentro la mirada ardiente
de la sola mujer que pude amar.
El ser más infeliz halla consuelo

en brazos del amor o la amistad;
pero yo, solo en extranjero suelo,
remedio no hallaré para mi duelo
lejos de la mujer que pude amar.
Mujeres más hermosas he encontrado,
mas no han hecho mi seno palpitar;
que el corazón ya estaba consagrado
a la fe de otro objeto idolatrado,
a la sola mujer que pude amar.
¡Adiós, en fin! Oculto en mi retiro,
en el ausente nadie pensará,
y ni un solo recuerdo, ni un suspiro
me dará la mujer por quien delirio,
¡ay!, la sola mujer que pude amar.
Comparando el pasado y el presente,
el corazón se rompe de pesar;
pero yo sufro con serena frente,
y mi pecho palpita eternamente
por la sola mujer que pude amar.
Su nombre es un secreto de mi vida
que el mundo para siempre ignorará,
y la causa fatal de mi partida
la sabrá sólo la mujer querida,
¡ay!, la sola mujer que pude amar.
¡Adiós! Quisiera verla... Mas me acuerdo
que todo para siempre va a acabar...
La patria y el amor, todo lo pierdo...
Pero llevo el dulcísimo recuerdo
de la sola mujer que puede amar.

PROFECÍA

Rafael de León

Me lo dijeron ayer
las lenguas de doble filo,
que te casaste hace un mes...
Y me quedé tan tranquilo.
Otro cualquiera, en mi caso,
se hubiera echado a llorar;
yo, cruzándome de brazos,
dije que me daba igual.
Nada de pegarme un tiro,
ni de enredarme a maldiciones,
ni de apedrear con suspiros
los vidrios de tus balcones.
¿Que te has casado? ¡Buena suerte!
Vive cien años contenta
y a la hora de la muerte
Dios no te lo tenga en cuenta.
Que si al pie de los altares
mi nombre se te borró,
por la gloria de mi madre
que no te guardo rencor.
Porque sin ser tu marido
ni tu novio, ni tu amante,
yo soy quien más te ha querido:
¡con eso tienes bastante!
—¿Qué tiene el niño, Malena?
Anda como trastornado;

le encuentro cara de pena
y el colorcillo quebrao.
Y ya no juega a la tropa,
ni tira piedras al río,
ni se destroza la ropa
subiéndose a coger nidos.
¿No te parece a ti extraño?
¿No es una cosa muy rara
que un chaval con doce años
lleve tan triste la cara?
Mira que soy perro viejo,
y estás demasiado tranquila.
¿Quieres que te dé un consejo?
Vigila, mujer, vigila...
Y fueron dos centinelas
los ojillos de mi madre.
—Cuando sale de la escuela
se va pa los olivares.
—¿Y qué busca allí?
                        —Una niña:
tendrá el mismo tiempo que él.
José Miguel no le riñas,
que está empezando a querer.
Mi padre encendió un pitillo,
se enteró bien de tu nombre,
y te compró unos zarcillos,
y a mí, un pantalón de hombre.
Yo no te dije "te adoro",
pero amarré a tu balcón
mi lazo de seda y oro
de primera comunión.
Y tú, fina y orgullosa,
me ofreciste en recompensa
dos cintas color de rosa

que engalanaban tus trenzas.
—Voy a misa con mis primos.
—Bueno; te veré en la ermita.
¡Y qué serios nos pusimos
al darnos agua bendita!
Mas, luego, en el campanario,
cuando rompimos a hablar:
dice mi tía Rosario
que la cigüeña es sagrá...
Y el colorín y la fuente,
y las flores, y el rocío,
y aquel torito valiente
que está bebiendo en el río.
Y el bronce de esta campana,
y el romero de los montes,
y aquella raya lejana
que le llaman horizonte.
¡Todo es sagrao! Tierra y cielo,
porque too lo hizo Dios.
—¿Qué te gusta más?
                —Tu pelo.
¡Qué bonito le salió!
Pues, y tu boca, y tus brazos,
y tus manos redonditas,
y tus pies, fingiendo el paso
de las palomas zuritas.
Con la blancura de un copo
de nieve te comparé.
Te revestí de piropos
de la cabeza a los pies.
A la vuelta te hice un ramo
de pitiminí precioso,
y luego nos retratamos
en el agüita del pozo.

Y hablando de estas pamplinas
que inventan las criaturas,
llegamos hasta la esquina
cogidos de la cintura.
Yo te pregunté:

        —¿En qué piensas?
Tú dijiste:

        —En darte un beso.
Y yo sentí una vergüenza
que me caló hasta los huesos.
De noche, muertos de luna,
nos vimos en la ventana.
—Mi hermanito está en la cuna;
le estoy cantando la nana.
"Quítate de la esquina,

        chiquito loco,
que mi padre no te quiere

        ni yo tampoco".
Y mientras que tú cantabas,
yo inocente, me pensé
que la nana nos casaba
como a marido y mujer.
¡Pamplinas, figuraciones
que se inventan los chavales!
Después la vida se impone:
tanto tienes, tanto vales...
Por eso yo, al enterarme
que estabas un mes casá,
no dije que iba a matarme
si no... ¡que me daba igual!
Mas, como es rico tu dueño,
te brindo esta profecía:
tú, cada noche, entre sueños,
soñarás que me querías,

y recordarás la tarde
que tu boca me besó
y te llamarás ¡cobarde!
como te lo llamo yo.
Y verás, sueña, que sueña,
que me morí siendo chico
y se llevó una cigüeña
mi corazón en el pico...
Pensarás: No es cierto nada;
yo sé que lo estoy soñando.
Pero allá a la madrugada
te despertarás llorando
por el que no es tu marío
ni tu novio, ni tu amante,
sino... ¡el que más te ha querío!
¡Con eso tienes bastante!

ROMANCE DE AQUEL HIJO QUE NO TUVE CONTIGO

Rafael de León

Hubiera podido ser
hermoso como un jacinto
con tus ojos y tu boca
y tu piel color de trigo,
pero con un corazón
grande y loco como el mío.
Hubiera podido ir,
las tardes de los domingos,
de mi mano y de la tuya,
con su traje de marino,
luciendo un ancla en el brazo
y en la gorra un nombre antiguo.
Hubiera salido a ti
en lo dulce y en lo vivo,
en lo abierto de la risa
y en lo claro del instinto,
y a mí... tal vez que saliera
en lo triste y en lo lírico,
y en esta torpe manera
de verlo todo distinto.
¡Ay, qué cuarto con juguetes,
amor, hubiera tenido!
Tres caballos, dos espadas,
un carro verde de pino,
un tren con cuatro estaciones,
un barco, un pájaro, un nido,

y cien soldados de plomo,
de plata y oro vestidos.
¡Ay, qué cuarto con juguetes,
amor, hubiera tenido!
¿Te acuerdas aquella tarde,
bajo el verde de los pinos,
que me dijiste: —¡Qué gloria
cuando tengamos un hijo!?
Y temblaba tu cintura
como un palomo cautivo,
y nueve lunas de sombra
brillaban en tu delirio.
Yo te escuchaba, distante,
entre mis versos perdido,
pero sentí por la espalda
correr un escalofrío...
Y repetí como un eco:
"¡Cuando tengamos un hijo!..."
Tú, entre sueños, ya cantabas
nanas de sierra y tomillo,
e ibas lavando pañales
por las orillas de un río.
Yo, arquitecto de ilusiones
levantaba un equilibrio
una torre de esperanzas
con un balcón de suspiros.
¡Ay, qué gloria, amor, qué gloria
cuando tengamos un hijo!
En tu cómoda de cedro
nuestro ajuar se quedó frío,
entre azucena y manzana,
entre romero y membrillo.
¡Qué pálidos los encajes,
qué sin gracia los vestidos,

qué sin olor los pañuelos
y qué sin sangre el cariño!
Tu velo blanco de novia,
por tu olvido y por mi olvido,
fue un camino de Santiago,
doloroso y amarillo.
Tú te has casado con otro,
yo con otra hice lo mismo;
juramentos y palabras
están secos y marchitos
en un antiguo almanaque
sin sábados ni domingos.
Ahora bajas al paseo,
rodeada de tus hijos,
dando el brazo a.. la levita
que se pone tu marido.
Te llaman doña Manuela,
llevas guantes y abanico,
y tres papadas te cortan
en la garganta el suspiro.
Nos saludamos de lejos,
como dos desconocidos;
tu marido sube y baja
la chistera; yo me inclino,
y tú sonríes sin gana,
de un modo triste y ridículo.
Pero yo no me doy cuenta
de que hemos envejecido,
porque te sigo queriendo
igual o más que al principio.
Y te veo como entonces,
con tu cintura de lirio,
un jazmín entre los dientes,
de color como el del trigo

y aquella voz que decía:
"¡Cuando tengamos un hijo!"...
Y en esas tardes de lluvia,
cuando mueves los bolillos,
y yo paso por tu calle
con mi pena y con mi libro
dices, temblando, entre dientes,
arropada en los visillos:
"¡Ay, si yo con ese hombre
hubiera tenido un hijo...!"

Y PENSAR QUE PUDIMOS

Ramón López Velarde

Y pensar que extraviamos
la senda milagrosa
en que se hubiera abierto
nuestra ilusión como perenne rosa...

Y pensar que pudimos,
enlazar nuestras manos
y apuntar en un beso
la comunión de fértiles veranos...

Y pensar que pudimos,
en una onda secreta
de embriaguez, deslizarnos,
valsando un vals sin fin, por el planeta...

Y pensar que pudimos,
al rendir la jornada,
desde la sosegada
sombra de tu portal y en una suave
conjunción de existencias,
ver las cintilaciones del Zodiaco
sobre las sombras de nuestras conciencias...

ME PESABA SU NOMBRE

María Monvel

Me pesaba su nombre como un grillo de hierro,
me pesaba su nombre como férrea cadena,
me pesaba su nombre como un fardo en los hombros,
como atada a mi cuello me pesara una piedra.
Ya no está junto al mío la injuria de su nombre
... y me pesa.
Me pesaba su amor ambicioso y mezquino,
me pesaba su amor de deseo y de queja,
me pesaba su amor, que más que amor fue odio,
su dignidad abrupta que más era soberbia.
Ya no tengo su amor, su dignidad, su odio
y... me pesa.
Me pesaban sus celos, pendientes de mis gestos,
me pesaban sus celos candentes de tragedia,
me pesaban sus celos adustos, implacables,
envolviendo mi cuerpo con oscura sospecha.
Ya no tengo sus celos, su sospecha, su injuria
y, ¡Dios mío!, me pesa.

POEMA VEINTE

Pablo Neruda

Puedo escribir los versos más tristes esta noche.
Escribir, por ejemplo: "La noche está estrellada,
y tiritan, azules, los astros, a lo lejos".
El viento de la noche gira en el cielo y canta.
Puedo escribir los versos más tristes esta noche.
Yo la quise, y a veces ella también me quiso.
En las noches como ésta la tuve entre mis brazos.
La besé tantas veces bajo el cielo infinito.
Ella me quiso, a veces yo también la quería.
Cómo no haber amado sus grandes ojos fijos.
Puedo escribir los versos más tristes esta noche.
Pensar que no la tengo. Sentir que la he perdido.
Oír la noche inmensa, más inmensa sin ella.
Y el verso cae al alma como al pasto el rocío.
Qué importa que mi amor no pudiera guardarla.
La noche está estrellada, y ella no está conmigo.
Eso es todo. A lo lejos alguien canta. A lo lejos.
Mi alma no se contenta con haberla perdido.
Como para acercarla mi mirada la busca.
Mi corazón la busca, y ella no está conmigo.
La misma noche que hace blanquear los mismos
                                      [árboles.
Nosotros, los de entonces, ya no somos los mismos.
Ya no la quiero, es cierto, pero cuánto la quise.
Mi voz buscaba el viento para tocar su oído.
De otro. Será de otro. Como antes de mis besos.

Su voz, su cuerpo claro. Sus ojos infinitos.
Ya no la quiero, es cierto, pero tal vez la quiero.
Es tan corto el amor, y es tan largo el olvido.
Porque en noches como ésta la tuve entre mis
                                        [brazos,
mi alma no se contenta con haberla perdido.
Aunque éste sea el último dolor que ella me causa
y éstos sean los últimos versos que yo le escribo.

LA LEYENDA DE "EL PARRÓN"

Juan Pedro López

Llovía torrencialmente
y en la estancia de "El Parrón"
como adorando el fogón
estaba toda la gente.
Dijo un viejo de repente:
—Les voy a contar un cuento.
Aura que el agua y el viento
train a la memoria mía
cosas que nadie sabía
y que yo diré al momento.
Tal vez tengan que luchar
con más de un inconveniente
pa que resista la mente
el cuento, sin lagrimear.
Por Dios, que supo dar
paciencia a mi corazón,
tal vez venga esta ocasión
a alumbrar con su reflejo
el alma de un gaucho viejo
que ya lo espera el cajón.
No se asusten si mi cuento
les recuerda en este día
algo que ya no podía
ocultar mi sentimiento;
vuelquen todos un momento
la memoria en el pasao,

que allí verán retratao
con tuitos sus pormenores
una tragedia de amores
que el silencio ha sepultao.
Hay cosas que yo no pueo
detallar como es debido,
unas, porque se han perdío,
y otras, porque tengo mieo.
Pero ya que en el enriedo
los metí, pido atención,
que si la imaginación
me ayuda en este momento
conocerán por mi cuento
la leyenda de "El Parrón".
Alcancemén un amargo
pa que suavise mi pecho,
al asunto, porque es largo;
haré juerza, sin embargo,
pa llegar hasta el final,
y si atiende cada cual
con espíritu sereno,
verá como un hombre gueno
llegó a hacerse criminal.
Setenta años, quien diría,
que vivo aquí en estos pagos
sin conocer más halagos
que la gran tristeza mía;
setenta años no es un día,
pueden tenerlo por cierto,
pues si mis dichas han muerto,
aura tengo la virtud
de ser pa esta juventud
lo mesmo que un libro abierto.
Iban a golpear las manos

por lo que el viejo decía,
pero una lágrima fría
los detuvo a los paisanos.
—Hay sentimientos humanos
—dijo el viejo, conmovido—
que los años con su ruido
no borran de la memoria,
y este cuento es una historia
que pa mí no tiene olvido.
Allá en mis años de mozo,
y perdonen la distancia,
sucedió que en esta estancia
hubo un crimen misterioso.
En un alazán precioso
llegó aquí un desconocido:
mozo lindo, muy cumplido,
que al hablar con el patrón
quedó en la estancia de pión,
siendo después muy querido.
Al poco tiempo, nomás,
el amor lo picotió
y el mocito se casó
con la hija del capataz.
Todo marchaba al compás
de la dicha y del amor,
y pa grandeza mayor
Dios les mandó con cariño
un blanco y hermoso niño
más bonito que una flor.
Iban pasando los años
muy felices en la choza;
ella, alegre y guenamoza;
él, juerte y sin desengaños.
Pero, misterios extraños

llegaron... Y la traición
deshizo del mocetón
sus más queridos anhelos,
y el fantasma de los celos
se clavó en su corazón.
Aguantó el hombre callao,
hasta dar con la evidencia,
y un día fingió ausencia
que jamás había pensao.
Dijo que tenía un ganao
que llevar pa la tablada;
que era una guena bolada
pa ganarse algunos pesos,
y así, entre risas y besos,
se despidió de su amada.
A la una de la mañana
del otro día, justamente,
llegó el hombre redepente
convertido en fiera humana;
de un golpe echó la ventana
contra el suelo, en mil pedazos,
y avanzando a grandes pasos,
ciego de rabia y dolor,
vido que su único amor
descansaba en otros brazos.
Como un sordo movimiento
en seguida se sintió;
después un cuerpo cayó,
y otro cuerpo en el momento;
ni un quejido, ni un lamento
salió de la habitación,
y pa concluir su misión,
cuando los vio dijuntos,
los enterró a los dos juntos

donde hoy se encuentra "El Parrón".
En la estancia se sabía
que la ingrata lo engañaba,
pero a él nadie le contaba
la disgracia en que vivía;
por eso, la Polecía
no hizo caso mayormente,
pues dijeron: la inocente
"se jue con su gavilán"...
y, en cambio, los dos están
descansando eternamente.
—¡Ahijuna! —gritó un paisano—:
Si es así lo que habla el viejo,
ése era un macho, ¡canejo!
Yo le besaría la mano...
—¡Yo soy! —le gritó el anciano—:
Venga m'hijo... besemé...
Yo jui, m'hijo, el que maté
a tu madre desgraciada
porque en la cama abrazada
con otro yo la encontré.
—Hizo bien, tata querido—,
gritó el hijo, sin encono:
—Venga, viejo, lo perdono,
por lo tanto que ha sufrido.
Pero, aura, tata, le pido
que no la maldiga más,
que si jue mala y audaz,
por mí, perdónela, padre,
que una madre, siempre es madre...
¡Dejelá que duerma en paz!...
Los dos hombres se abrazaron
como nunca lo habían hecho,
juntando pecho con pecho

como dos hijos lloraron;
padre e hijo se besaron
pero con tal sentimiento,
que el humano pensamiento
no puede pintar, ahora,
la escena conmovedora
de aquel trágico momento.
Los ojos de aquella gente
con el llanto se inundaron,
y todos mudos quedaron
bajo un silencio imponente;
volvió a decir, nuevamente,
"Allí están, en 'El Parrón'",
y poniendo el corazón
el anciano en lo que dijo,
le pidió perdón al hijo...,
¡y él hijo le dio el perdón!

DESCRIPCIONES Y DEFINICIONES

Incansable, el poeta describe y define. Da la impresión de un profesor extravagante que quisiera entregarnos de golpe todos sus secretos. Lo curioso es que, a partir de su lenguaje de alquimista, sus viejas verdades terminan siendo idénticas a la poesía.

Así lo veremos en la breve selección que sigue, donde Gustavo Adolfo Bécquer inicia la partida con una escueta definición de poesía, ya de uso habitual entre los enamorados.

POESÍA

Gustavo Adolfo Bécquer

—¿Qué es poesía? —me dices mientras
clavas en mi pupila tu pupila azul:
¿qué es poesía? ¿Y tú me lo preguntas?
Poesía... ¡eres tú!

A UNA ROSA

Sor Juana Inés de la Cruz

¿Ves de tu candor que apura
al alba el primer albor?
Pues tanto el riesgo es mayor
cuanto es mayor la hermosura.
No vivas de ella segura
que si consientes, errada,
que te corte mano osada
por gozar beldad y olor,
en perdiéndose el color
también serás desdichada.

QUE LID DE ESPUMA

Antonio Campaña

Que lid de espuma o lid de alfarerías,
que recinto de sueños en tus sueños
cruzas por verte entre aires y diseños,
para ser sólo sombra en manos mías.

Para ser sólo sombra en manos mías
que arder así sin llamas por los leños
del mirar y no verte, que ojos dueños
de nada van por tus melancolías.

Por aires vanos vienes, se te nombra,
tan sólo trazo, fuga descendida,
hoy que el soñar te cambia la medida.

Sueño que llega y sale por olvido
no va en tu arder, ni en tu venir en sombra,
ni entre mi triste fuego compartido.

TIERRA MOJADA

Ramón López Velarde

Tierra mojada de las tardes líquidas
en que la lluvia cuchichea
y en que se reblandecen las señoritas, bajo
el redoble del agua en la azotea...

Tierra mojada de las tardes olfativas
en que un afán misántropo remonta las lascivas
soledades del éter, y en ellas se desposa
con la ulterior paloma de Noé;
mientras se obstina el tableteo
del rayo, por la nube cenagosa...

Tarde mojada, de hábitos labriegos,
en la cual reconozco estar hecho de barro,
porque en sus llantos veraniegos,
bajo el auspicio de la media luz,
el alma se licúa sobre los clavos
de su cruz...

Tardes en que el teléfono pregunta
por consabidas náyades arteras,
que salen del baño al amor
a volcar en el lecho las fatuas cabelleras
y a balbucir, con alevosía y ventaja,
húmedos y anhelantes monosílabos,
según que la llovizna acosa las vidrieras...

Tardes como una alcoba submarina
con su lecho y su tina;
tardes en que envejece una doncella
ante el brasero exhausto de su casa,
esperando a un galán que le lleve una brasa;

tardes en que descienden
los ángeles, a arar surcos derechos
en edificantes barbechos;
tarde rogativa y de cirio pascual;
tardes en que el chubasco
me induce a enardecer a cada una
de las doncellas frígidas con la brasa oportuna;

tardes en que, oxidada
la voluntad, me siento
acólito del alcanfor,
un poco pez espada
y un poco San Isidro labrador...

AMISTAD

Antonio Plaza

Amistad... Amistad... ¡Frasismo vano!
El hombre, por esencia comerciante,
cuando puede comprar es un gigante,
cuando quiere vender es vil gusano.

Ya que hay en la amistad Mercurio y Jano,
me vuelvo como todos, traficante,
me pongo al mostrador de buen talante,
y doy la mano al que me da la mano.

Al que no deja, mi prudencia evita;
al que no quita, mi candor corteja;
y en mi libro de caja queda escrita

esta útil, excelente moraleja:
siempre algo deja lo que nada quita,
siempre algo quita lo que nada deja.

VIDA RETIRADA

Fray Luis de León

¡Qué descansada vida
la del que huye del mundanal ruido
y sigue la escondida
senda por donde han ido
los pocos sabios que en el mundo han sido!
Que no le enturbia el pecho
de los soberbios grandes del estado,
ni del dorado techo
se admira, fabricado
del sabio moro, en jaspes sustentado.
No cura si la fama
canta con voz su nombre pregonera,
ni cura ni encarama
la lengua lisonjera
lo que condena la verdad sincera.
¿Qué presta a mi contento
si soy el vano dedo señalado,
si en busca de este viento
ando desalentado
con ansias vivas y mortal cuidado?
¡Oh campo, oh monte, oh río!
¡Oh secreto seguro deleitoso!
Roto casi el navío
a vuestro calmo reposo
huyo de aqueste mar tempestuoso.
Un no rompido sueño,

un día puro, alegre, libre quiero;
no quiero ver el ceño
vanamente severo
de quien la sangre ensalza o el dinero.
Despiértenme las aves
con su cantar sabroso no aprendido,
no los cuidados graves
de que es siempre seguida
quien al ajeno arbitrio está atendido.
Vivir quiero conmigo,
gozar quiero del bien que debo al cielo,
a solas, sin testigo,
libre de amor, de celo,
de odio, de esperanzas, de recelo.
Del monte en la ladera
por mi mano plantado tengo un huerto,
que con la primavera,
de bella flor cubierto
ya muestra en esperanza el fruto cierto.
Y como codiciosa
de ver y acrecentar su hermosura,
desde la cumbre airosa
una fontana pura
hasta llegar corriendo se apresura.
Y luego sosegada,
el paso entre los árboles torciendo,
el suelo de pasada
de verdura vistiendo,
y con diversas flores va esparciendo.
El aire el huerto crea
y ofrece mil colores al sentido,
los árboles menea
con un manso ruido
que del oro y del cetro pone olvido.

Téngase su tesoro
los que de un flaco leño se confían:
no es mío ver el lloro
de los que desconfían
cuando el cierzo y el ábrego porfían.
La combatida antena
cruje, y en ciega noche el claro día
se torna, al cielo suena
confusa vocería,
y la mar enriquecen a porfía.
A mí una pobrecilla
mesa, de amable paz bien abastada,
me baste, y la baxilla
de fino oro labrada
sea de quien la mar no teme airada.
Y mientras miserablemente
se están los otros abrasando
en sed insaciable
del no durable mando,
tendido yo a la sombra esté cantando.
A la sombra tendido,
de yedra y lauro eterno coronado,
puesto el atento oído
al son dulce acortado
del plectro sabiamente meneado.

¿QUIÉN ME COMPRA UNA NARANJA?

José Gorostiza
A Carlos Pellicer

¿Quién me compra una naranja
para mi consolación?
Una naranja madura
en forma de corazón.

La sal del mar en los labios
¡ay de mí!
La sal del mar en las venas
y en los labios recogí.

Nadie me diera los suyos
para besar.
La blanda espiga de un beso
yo no la puedo segar.

Nadie pidiera mi sangre
para beber.
Yo mismo no sé si corre
o si deja de correr.

Como se pierden las barcas
¡ay de mí!
como se pierden las nubes
y las barcas, me perdí.

Y pues nadie me lo pide,
ya no tengo corazón.
¿Quién me compra una naranja
para mi consolación?

A LOS TREINTA AÑOS

Manuel del Palacio

Heme lanzado en la fatal pendiente
donde a extinguirse va la vida humana,
viendo la ancianidad en el mañana
cuando aún la juventud está presente.

No lloro las arrugas de mi frente
ni me estremece la indiscreta cana;
lloro los sueños de mi edad lozana,
lloro la fe que el corazón no siente.

Me estremece pensar cómo en un día
trocóse el bien querido en humo vano
y el alentado espíritu en cobarde.

¡Maldita edad, razonadora y fría,
en que para morir aún es temprano
y para ser dichoso acaso es tarde!

CULTIVO UNA ROSA BLANCA...

José Martí

Cultivo una rosa blanca
en junio como en enero
para el amigo sincero
que me da su mano franca.

Y para el cruel que me arranca
el corazón con que vivo,
cardo ni ortiga cultivo;
cultivo la rosa blanca.

ADMIRÓSE UN PORTUGUÉS

Leandro Fernández de Moratín

Admiróse un portugués
de ver que, en su tierna infancia,
todos los niños en Francia
supiesen hablar francés.
"Arte diabólica es
—dijo, torciendo el mostacho—
que para hablar el gabacho,
un hidalgo en Portugal
llega a viejo y lo habla mal,
y acá lo parla un muchacho".

DANZA NEGRA

Luis Palés Matos

Calabó y Bambú
Bambú y Calabó.
El Gran Cocoroco dice: Tu-cu-tú.
La Gran Cocoroca dice: To-co-tó.
Es el sol de hierro que arde en Tombuctú,
Es la danza negra de Fernando Póo.
El cerdo en el fango gruñe: pru-pru-pru.
El sapo en la charca sueña: cro-cro-cro.
Calabó y Bambú.
Bambú y Calabó.
Rompen los junjunes con furiosa u,
los gongos trepidan con profunda o.
Es la raza negra que ondulando va
en el ritmo gordo del bayirandá.
Llegan los botucos a la fiesta ya.
Danza que te danza la negra se da.
Calabó y Bambú.
Bambú y Calabó.
El Gran Cocoroco dice: Tu-cu-tú.
La Gran Cocoroca dice: To-co-tó.
Pasan tierras rojas, islas de betún:
Haití, Martinica, Congo, Camerún;
las papamientosas Antillas del ron
y las patoalesas islas del volcán,
que en el grave son
del canto se dan.
Calabó y Bambú.
Bambú y Calabó.

El Gran Cocoroco dice: Tu-cu-tú.
La Gran Cocoroca dice: To-co-tó.
Es el sol de hierro que arde en Tombuctú.
Es la danza negra de Fernando Póo.
El alma africana que vibrando está
en el ritmo gordo del mayirandá.
Calabó y Bambú.
Bambú y Calabó.
El Gran Cocoroco dice: Tu-cu-tú.
La Gran Cocoroca dice: To-co-tó.

LAS MANOS

Gabrielle D'Annunzio
(Traducción de Guillermo Valencia)

¡Oh manos de mujeres encontradas
una vez en el sueño o en la vida;
manos, por la pasión enloquecida
opresas una vez, o desfloradas
con la boca, en el sueño, o en la vida!
Frías, muy frías algunas, como cosas
muertas, de hielo (¡cuánto desconsuelo!)
o tibias cual extraño terciopelo,
parecían vivir, parecían rosas:
¿Rosas de qué jardín de ignoto suelo?
Nos dejaron algunas tal fragancia,
y tan tenaz, que en una noche entera
brotó en el corazón la primavera,
y tanto embalsamó la muda estancia,
que más aromas el Abril no diera.
Otra, que acaso ardía el fuego extremo
de un alma (¿dónde estás, oh breve mano
intacta ya, que con fervor insano
oprimí?) clama con dolor supremo:
—¡Tú me pudiste acariciar no en vano!
De otra viene el deseo, el violento
deseo que las carnes nos azota,
y suscita en el ánimo la ignota
caricia de la alcoba, el morir lento
bajo ese gesto que la sangre agota.
Otras (¿aquéllas?) fueron homicidas,

maravillosas en engaños fueron,
de Arabia los perfumes no pudieron
endulzarlas, hermosas y vendidas
cuántos ¡ay! por besarlas perecieron.
Otras (¿las mismas?) de marmóreo brillo
y más potentes que la recia espira,
nos congelaron de demencia o ira,
y las sacrificamos al cuchillo,
(y, ni en sueños, la manca se retira:
vive en el sueño inmóvilmente erguida
la atroz mujer sin manos. Junto brota
fuente de sangre, y sin cesar rebota
el par de manos en la enrojecida
charca, sin salpicarse de una gota.)
Otras, como las manos de María,
hostias fueron de luz vivificante,
y en su dedo anular brilló el diamante
entre la augusta ceremonia pía:
¡jamás sobre los rizos del amante!
Otras, cuasi viriles, que oprimimos
con pasión, de nosotros la pavura
arrebataron y la fiebre oscura,
y anhelando la gloria, presentimos
iluminarse la virtud futura.
Otras nos produjeron un profundo
calosfrío de espasmos sin iguales;
y comprendimos que sus liliales
palmas podrían encerrar un mundo
inmenso, con sus Bienes y sus Males...
¡Oh alma, con sus Bienes y sus Males!

EXPECTACIÓN

Amado Nervo

Siento que algo solemne va a llegar en mi vida.
¿Es acaso la muerte? ¿Por ventura el amor?
Palidece mi rostro, mi alma está conmovida,
y sacude mis miembros un sagrado temblor.

Siento que algo sublime va a encarnar en mi barro,
en el mísero barro de mi pobre existir.
Una chispa celeste brotará del guijarro,
y la púrpura augusta va el harapo a teñir.

Siento que algo solemne se aproxima, y me hallo
todo trémulo; mi alma de pavor llena está.
Que se cumpla el destino, que Dios dicte su fallo,
mientras yo, de rodillas, oro, espero y me callo,
para oír la palabra que el abismo dirá.

PARA UN MENÚ

Manuel Gutiérrez Nájera

Las novias pasadas son copas vacías,
en ellas, pusimos un poco de amor;
el néctar tomamos... huyeron los días...
¡Traed otras copas con nuevo licor!
Champaña son las rubias de cutis de azalia;
los ojos obscuros son vino de Italia.
Borgoña los labios de vivo carmín;
los verdes y claros son vino del Rhin!
¡Las negras pupilas escancian café,
son ojos azules las llamas traviesas
que trémulas corren como alma del té!
¡La copa se apura, la dicha se agota;
de un sorbo tomamos mujer y licor...
Dejemos las copas... Si queda una gota,
que beba el lacayo las heces del amor!

LAS HIJAS

Ramón de Campoamor

Las hijas de las madres
que amé tanto
me besan ya
como se besa a un santo.

A UNA NARIZ

Francisco de Quevedo

Érase un hombre a una nariz pegado,
érase una nariz superlativa,
érase una nariz, sayón y escriba
érase un peje espada muy barbado.
Érase un reloj de sol mal encarado,
érase una alquitara pensativa,
érase un elefante boca arriba,
era Ovidio Nason más narizado,
érase un espolón de una galera,
érase una pirámide de Egipto:
las doce tribus de narices era.
Érase un naricísimo infinito,
muchísimo nariz, nariz tan fiera,
que en la cara de Anás fuera delito.

UNA HORA DE ALEGRÍA Y DE LOCURA

Walt Whitman
(Traducción de Armando Vasseur)

¡Una hora de alegría y de locura! ¡Oh furiosa
       [alegría! ¡Oh, no me retengáis!
Corazón de las tempestades, ¿qué es lo que late en ti
    [para desencadenarte en mi ser de esta suerte?
¿Qué son mis clamores en medio de los relámpagos
      [y de los vendavales?
¡Ah! ¡Beber el delirio místico más que hombre
            [alguno!
¡Congojas tiernas y salvajes! (Os las dejo en
          [herencia, hijos míos,
      os las narro por muchos motivos,
          ¡Oh esposo y esposa!)
¡Oh, abandonarse a vos, quienquiera que seáis!
    [¡Abandonaros a mí, con desprecio del mundo!
¡Oh, la vuelta al Paraíso!
¡Oh, atraernos hacia mí, imprimir en vuestra boca
    [virgen los labios de un hombre resuelto!
¡Oh, el enigma, el triple nudo, el estanque negro y
        [profundo, todo lo que se
         desanuda y se ilumina!
¡Oh, abalanzarse en busca de espacio y de aire!
¡Libertarse de los lazos y de las convenciones
    [anteriores, yo de los míos, vos de los vuestros!
¡Hallar una despreocupación nueva, inimaginada,
    [capaz de poner a prueba la mayor fortaleza!
¡Desenmordazarse la boca!

Tener el sentimiento —hoy o cualquier día— de
          [que me basto a mí mismo, tal como soy.
¡Sentir algo no sentido aún! ¡En espasmo, en
               [angustia, en éxtasis!
¡Escapar íntegramente de las anclas y de los
              [garfios ajenos!
¡Bogar libremente! ¡Amar libremente! ¡Abalanzarse
           [temerario y amenazador!

ME COMPRARÉ UNA RISA

León Felipe

(Je, je, je...
jo, jo, jo...
ja, ja, ja...)
Es la risa mecánica del mundo,
la risa del magazine y la pantalla,
la risa de megáfono y del jazz,
la risa sincopada de los negros,
la risa asalariada,
la risa que se alquila y que se compra
¡Risa de almoneda y carnaval!
Risa de diez centavos o un penique,
de albayalde, de ferias y de pista,
de cabaret, de maquillaje y de budoir.
Risas de propaganda y de ordenanza
la que anuncian las rotativas,
las esquinas,
las vallas,
la radio,
el celuloide y el neón,
y vende en todo el mundo
la gran firma
"Standard Smile Company".
(je, je, je...
ja, ja, ja
jo, jo, jo...)
"¡Smile, smile, smile!"

Ahí pasa el pregonero.
Es aquel viejo vendedor de sombras
que ahora vende sonrisas.
"¡Risas, risas, risas!
risas fabricadas a troquel
como pesos y como centavos.
Risas para las viudas y los huérfanos
risas para el mendigo y el leproso
risas para los chinos y para los judíos
—a la medida y a granel—;
risas para el rey Lear,
y para el rey Edipo
y risas para España,
sin cuencas y sin lágrimas también".
"¡Smile, smile, smile!"
polvo es el aire,
polvo de carbón apagado...
y el mercader y el gobernante
pregonando sonrisas
la risa es contagiosa.
¡Eh, tú, traficante de risas!
¡Pregonero!...
A ver cuál es la mía
me reiré también. Después de todo,
¿no tengo yo un resorte
aquí en los maceteros
que dispara la risa?
Y en los sobacos
para esconder la sombra
y la miseria
"¡Risas, risas, risas!"
polvo es el aire,
polvo de carbón apagado...
y el huracán y el viento

vendiendo a gritos
risas por la calle.
(¡Ja, ja, ja!...)
¡Perseguid esa zorra,
perseguid esa zorra a pedradas,
perseguidla y matádla!
(Je, je, je...)
¡Silencio!... ¡Silencio!...
Aquí no ríe tanto.
¡La risa humana ha muerto!
¡Y la risa mecánica también!
Oíd, amigos,
o en un tent cent store:
los que comprasteis la ronrisa en una feria
el que asesina la alegría
con la sonrisa merca luego
y el creador del llanto
es el que dice: "¡Smile!"
(¡Ja, ja, ja!...)
Debajo de esa risa
que viene entre las sombras,
está el gesto del hambre,
muchos brazos caídos,
el panadero ocioso
y vagones de trigo hacia el fondo del mar
(¡Ja, ja, ja!...)
Debajo de esa risa de ordenanza
que llega en las tinieblas,
hay un rictus de espanto,
una boca epiléptica,
una baba amarilla
y sangre... sangre, y llanto.
(¡Ja, ja, ja!...)
"Risas, risas...,

viejas risas de México
para los ataúdes
y para los esqueletos.
Risas, risas,
risas para los vivos
y los muertos..."
¡Je, je! Ahora me río yo...
también tengo cosquillas.
Además, ¿No hay fuegos de artificio?
¿No se compran los sueños?
pues compraré la risa.
¿Por qué no he de reírme
y hacer que tú te rías?
¡Je, je!... ya ves. La risa es contagiosa.
¡Bastante contagiosa!
¡Más que la dignidad y la justicia!

LA DULCE BOCA QUE A GUSTAR CONVIDA

Luis de Góngora

La dulce boca que a gustar convida
un humor entre perlas destilado
y a no envidiar aquel licor sagrado
que a Júpiter ministra el garzón de Ida,
amantes no toquéis si queréis vida;
porque entre un labio y otro colorado
Amor está, de su veneno armado,
cual entre flor y flor sierpe escondida.
No os engañen las rosas, que a la Aurora
diréis que, aljofaradas y olorosas,
se le cayeron del purpúreo seno;
manzanas son de Tántalo, y no rosas,
que después huyen del que incitan ahora,
y sólo del Amor queda el veneno.

MADRIGAL

Gutierre de Cetina

Ojos claros, serenos,
si de un dulce mirar sois alabados,
¿por qué si me miráis, miráis airados?
Si cuanto más piadosos,
más bellos parecéis a aquel que os mira,
no me miréis con ira
porque no parezcáis menos hermosos.
¡Ay, tormentos rabiosos!
Ojos claros, serenos,
ya que así me miráis, miradme al menos.

SERRANILLA

Íñigo López de Mendoza

Moca tan fermosa
non vi en la frontera,
como una vaquera
de la Finojosa.
Faciendo la vía
del Calatraveño
a Sancta María
vencido del sueño
por tierra fragosa
perdí la carrera,
do vi la vaquera
de la Finojosa.
En un verde prado
de rosas e flores,
guardando ganado
con otros pastores,
la vi tan graciosa
que apenas creyera
que fuese vaquera
de la Finojosa.
Non creo las rosas
de la primavera,

sean tan fermosas
nin de tan manera
fablando sin glosa,
si antes sopiera
d'aquella vaquera
de la Finojosa.
Non tanto mirara
su mucha beldat,
porque me dexara
en mi libertat.
Mas dixe: "Donosa
(por saber quién era)
¿dónde es la vaquera
de la Finojosa?..."
Bien como riendo,
dixo: "Bien vengades:
que ya bien entiendo
lo que demandades:
non es descosa
de amar, nin lo espera,
aquesa vaquera
de la Finojosa".

REÍR LLORANDO

Juan de Dios Peza

Viendo a Garrik —actor de la Inglaterra—
el pueblo al aplaudirlo le decía:
"Eres el más gracioso de la tierra,
y el más feliz..."
    Y el cómico reía.
Víctimas del **spleen**, los altos lores
en sus noches más negras y pesadas,
iban a ver al rey de los actores,
y cambiaban su **spleen** en carcajadas.
Una vez, ante un médico famoso
llegóse un hombre de mirar sombrío:
"Sufro —le dijo—, un mal muy espantoso
como esta palidez del rostro mío".
"Nada me causa encanto ni atractivo;
no me importa mi nombre ni mi suerte.
En un eterno **spleen** muriendo vivo,
y es mi única ilusión la de la muerte".
—Viajad y os distraeréis.
    —¡Tanto he viajado!
—Las lecturas buscad.
    —¡Tanto he leído!
—Que os ame una mujer.
    —¡Si soy amado!
—Un título adquirid.
    —¡Noble he nacido!
—¿Pobre seréis quizá?

—Tengo riquezas.
—¿De lisonjas gustáis?
  —¡Tantas escucho!...
—¿Qué tenéis de familia?
  —Mis tristezas.
—¿Váis a los cementerios?
  —Mucho... mucho...
—¿De vuestra vida actual tenéis testigos?
—Sí, mas no dejo que me impongan yugos;
yo les llamo a los muertos mis amigos;
y les llamo a los vivos mis verdugos.
—Me deja —agrega el médico— perplejo
vuestro mal, y no debo acobardaros;
tomad hoy por receta este consejo:
"Sólo viendo a Garrik podréis curaros".
—¿A Garrik?
—Sí, a Garrik... La más remisa
y austera sociedad le busca ansiosa;
todo aquel que lo ve muere de risa;
¡tiene una gracia artística asombrosa!
—¿Y a mí me hará reír?
  —¡Ah!, sí, os lo juro;
él, sí; nada más él; más... ¿qué os inquieta?
—Así —dijo el enfermo—, no me curo:
¡yo soy Garrik!... Cambiadme la receta.

¡Cuántos hay que, cansados de la vida,
enfermos de pesar, muertos de tedio,
hacen reír como el actor suicida
sin encontrar para su mal remedio!
¡Ay! ¡Cuántas veces al reír se llora!
¡Nadie en lo alegre de la risa fíe,
porque en los seres que el dolor devora
el alma llora cuando el rostro ríe!

100

Si se muere la fe, si huye la calma
si sólo abrojos nuestra planta pisa,
lanza a la faz la tempestad del alma
un relámpago triste: la sonrisa.
El carnaval del mundo engaña tanto,
que las vidas son breves mascaradas;
aquí aprendemos a reír con llanto,
y también a llorar con carcajadas.

SIEMPRE AMÉ Y AMO AÚN...

Francesco Petrarca
(Traducción de José Zorrilla)

Siempre amé y amo aún, y desde ahora
amar espero más de día en día
aquel dulce lugar donde me guía
el triste amor que en mi alma se atesora;
y en amar estoy siempre el tiempo y hora
en que olvidé cuánto cuidado había
terrenal, y amaré más todavía
a aquélla cuya imagen me enamora.
¡Mas quién pudiera haber jamás creído
que el tiempo en amarguras me volviera
memorias a quien yo tanto he querido!
¡Oh amor, cómo has postrado mi alma fiera!
A no estar de esperanzas mantenido,
do anhelo más vivir muerto cayera.

EL MILAGRO PEQUEÑO

Alejandro Casona

Aquella pobre niña
que aún no tenía senos,
y la niña lloraba:
—¡Yo quiero tener senos!
—Señor, haz un milagro,
un milagro pequeño...
Pero Dios no la oía
allá arriba, tan lejos...
Y cogió dos palomas,
se las puso en el pecho;
pero las dos palomas
levantaron el vuelo.
Y cogió dos estrellas,
se las puso en el pecho;
las estrellas temblaron
y se apagaron luego.
Y cogió dos panales,
se los puso en el pecho;
y la miel y la cera
se helaron en el viento.
—Señor, haz un milagro,
un milagro pequeño... .
Pero Dios no la oía
allá arriba, tan lejos...
Y un día fue el amor.
Lo estrechó contra el pecho

y se sintió florida:
¡le nacieron dos senos!,
con picos de paloma,
con temblor de luceros,
como magnolias, blancos...
como panales, llenos...
Igual que dos milagros:
dos milagros pequeños.

LA NARIZ DE CYRANO

Edmond Rostand

"Tenéis la nariz grande", yo os abono
que podíais variar bastante el tono.
Por ejemplo: Agresivo: "Si en mi cara
tuviese tal nariz me la amputara".
Amistoso: "¿Se baña en vuestro vaso
al beber, o un embudo usáis al caso?"
Descriptivo: "¿Es un cabo? ¿Una escollera?
Mas ¿qué digo? ¡Si es una cordillera!"
Curioso: "¿De qué os sirve ese accesorio?
¿De alacena, de caja o de escritorio?"
Burlón: "¿Tanto a los pájaros amáis
que en el rostro una alcántara les dais?"
Brutal: "¿Podéis fumar sin que el vecino
—¡Fuego en la chimenea! —grite?" Fino:
"Para colgar las capas y sombreros
esa percha muy útil ha de seros".
Solícito: "Compradle una sombrilla;
el sol ardiente su color mancilla".
Previsor: "Tal nariz es un exceso:
buscad a la cabeza contrapeso".
Dramático: "Evitad riñas y enojos:
si os llegara a sangrar, diera un Mar Rojo".
Enfático: "¡Oh nariz!... ¿Qué vendaval
te podría resfriar? Sólo el mistral".
Pedantesco: "Aristófanes no cita
más que a un ser sólo que con vos compita

en ostentar nariz de tanto vuelo:
el Hicpocampelepbantócamelo".
Respetuoso: "Señor, bésoos la mano:
digna es vuestra nariz de un soberano".
Ingenuo: "¿De qué hazaña o qué portento
en memorias se alzó este monumento?"
Lisonjero: "Nariz como la vuestra
es para un perfumista linda muestra".
Lírico: "¿Es una concha? ¿Sois tritón?"
Rústico: "¿Eso es nariz o es un melón?"
Militar: "Si a un castillo se acomete,
aprontad la nariz: ¡terrible ariete!"
Práctico: "¿La ponéis en lotería?
¡El premio gordo esa nariz sería!"
Y finalmente, a Píramo imitando:
"¡Malhadada nariz que, perturbando
el rostro de tu dueño la armonía,
te sonroja tu propia villanía!"
Algo por el estilo me dijerais
si más letras e ingenio vos tuvierais:
mas veo que de ingenio, por la traza,
tenéis el que tendrá una calabaza,
y ocho letras tan sólo, a lo que infiero:
las que forman el nombre: Majadero.
Sobre que, si a la faz de este concurso
me hubieseis dirigido tal discurso
e, ingenioso, estas flores dedicado,
ni una tan sólo hubieseis terminado,
pues con más gracia yo me las repito
y que otro me las diga no permito.

LAS MUJERES

Juan Ruiz de Alarcón

No reina en mi corazón
otra cosa que mujer
ni hay bien a mi parecer,
más digno de estimación.
¿Qué adornada primavera
de fuentes, plantas y flores,
qué divinos resplandores
el sol en su cuarta esfera,
que purpúreo amanecer,
qué cielo lleno de estrellas
iguala a las partes bellas
del rostro de una mujer?
¿Qué regalo en la dolencia,
en la salud que contento,
que descanso en el tormento
puede haber sin su presencia?
Cercano ya de su fin
un monje santo decía
que solo mejoraría
oyendo el son de un chapín.
¡Y era santo! ¡Mira cuál
será en mí, que soy perdido,
el delicado sonido
de un órgano de cristal!
¿Sabes lo que echo de ver?
Que el primero padre quiso

más perder el paraíso
que enojar una mujer.
¡Y era su mujer! ¿Qué hiciera
si no lo fuese? ¡Y no había
más hombre que él! ¿Qué sería
si con otro irse pudiera?
Porque con la competencia
cobra gran fuerza Cupido.
—¡Triste de mí, que he tenido
de esa verdad experiencia!
—Según eso ¿cómo quieres
que yo, que tanto las precio,
entre en el uso tan necio
de injuriar a las mujeres?
Que entre enfados infinitos
que los poetas me dan
no el menor ver que están
todos en esto precitos.
—Que, ¿te dan muchos enfados?
—Pues ¿a quién no ha de cansar
uno que da en gracejar
siempre a costa de casados?
Daca el sufrido, el paciente...
Hermano poeta, calla,
y mira tú si en batalla
mataste moro valiente.
La murmuración afea
siempre están murmurando,
siempre están enamorando
e injurian a quien desean.
¿Qué es lo que más condenamos
en las mujeres? ¿El ser
de inconstante parecer?
Nosotros las enseñamos,

que el hombre que llega a estar
 del ciego Dios más herido
no deja de ser perdido
por el troppo variar.
¿Tener el dinero amor?
Es cosa de muy buen gusto,
o tire una piedra el justo
que no incurre en este error.
¿Ser fáciles? ¿Qué han de hacer
si ningún hombre porfía
y todos al cuarto día
se cansan de pretender?
¿Ser duras? ¿Qué nos quejamos
si todos somos extremos?
Difícil lo aborrecemos
y fácil no lo estimamos.
Pues si los varones son
maestros de las mujeres,
y sin ellas los placeres
carecen de perfección
¡mala pascua tenga quien
de tan hermoso animal
dice mal ni le hace mal
y quien no dijere amén!

EL LORO

José Juan Tablada (de 1922)

Loro idéntico al de mi abuela
funambulesca voz de la cocina
del comedor y de la azotehuela.

No bien el sol ilumina
lanza el loro su grito
y su áspera canción
con el asombro del gorrión
que solo canta El Joselito...

De la cocinera se mofa
colérico y gutural,
y de paso apostrofa
a la olla del nixtamal.

Cuando pisándose los pies
el loro cruza el suelo de ladrillo,
del gato negro hecho un ovillo
el ojo de ámbar lo mira

y un azufre diabólico recela
contra ese íncubo verde y amarillo,
¡la pesadilla de su duermevela!

Mas de civilización un tesoro
hay en la voz
de este super loro.

Finge del aeroplano el rón-rón
a la estridencia del klaxón...
Y ahogar quisiera con su batahola
la música rival de la victrola...

En breve teatro proyector de oro,
de las vigas al suelo, la cocina
cruza un rayo solar de esquina a esquina
y afoca y nimba al importante loro...

Pero a veces, cuando lanza el jilguero
la canción de la selva en abril,
el súbito silencio del loro parlero
y su absorta mirada de perfil,
recelan una melancolía
indigna de su plumaje verde...
¡Tal vez el gran bosque recuerde
a la cóncava selva sombría!

¡En tregua con la cocinera
cesa su algarabía chocarrera,
tórnase hosco y salvaje...!

¡El loro es un gajo de follaje
con un poco de sol en la mollera!

AUTORRETRATOS

La posteridad nutre a la vanidad.

El poeta no quiere ser olvidado y, modesto o inmodesto, cruel consigo mismo o autocomplaciente, deja su imagen protegida de las malas memorias. Puede hacerlo con el tono burlesco de T.S. Eliot o de Bertold Brecht, abiertamente narcisista de José Santos Chocano, objetivo y pausado de Jorge Carrera Andrade o Antonio Machado, o algo distante de David Valjalo, José D. Frías o Sor Juana Inés de la Cruz.

Pero siempre es lo mismo: palabra de poetas. Y como alguien ha dicho, la palabra de poetas impone el beneficio de inventario.

BALADA DEL POBRE BERTOLD BRECHT

Bertold Brecht (Versión de López Pacheco)

Yo, Bertold Brecht, soy de los bosques negros.
Mi madre me llevó a las ciudades
estando aún en su vientre. El frío de los bosques
en mí lo llevaré hasta que muera.

Me siento como en casa en la ciudad de asfalto.
                                    [Desde el principio
me han provisto de todos los sacramentos de
              [muerte: periódicos, tabaco, aguardiente.
En resumen, soy desconfiado y perezoso, me siento
                                              [contento.

Con la gente soy amable. Me pongo
un sombrero según su costumbre.
Y me digo: son bichos de olor especial.
Pero pienso: no importa, también yo lo soy.

Por la mañana, a veces, en mis mecedoras vacías,
me siento entre un par de mujeres:
las miro indiferente y les digo:
con éste no tenéis nada que hacer.

Al atardecer reúno en torno mío hombres
y nos tratamos de "gentleman" mutuamente.
Apoyan sus pies en mis mesas.
Dicen: "Nos irá mejor". Y yo les pregunto:
                                    ["¿Cuándo?"

114

Al alba los abetos vierten en el gris
y sus pájaros parásitos empiezan a chillar.
A esa hora, en la ciudad, me bebo mi vaso, tiro
la colilla del puro, y me duermo tranquilo.

Generación sin peso, nos ha establecido
en casas que se creía indestructibles
(así construimos los altos edificios de la isla de
                              [Manhattan
y los delgados cables que salvan el Atlántico).

De las ciudades quedará sólo el viento que pasaba
                              [por ellas.
La casa hace feliz al que come, y él es quien la vacía.
Sabemos que estamos de paso
y que nada importante vendrá después de nosotros.

En los terremotos del futuro, confío
no dejar que se apague mi puro "Virginia" por
                              [exceso de amargura,
yo, Bertold Brecht, arrojado a las ciudades de
                              [asfalto
desde los bosques negros, dentro de mi madre
                              [hace tiempo.

BIOGRAFÍA PARA USO DE LOS PÁJAROS

Jorge Carrera Andrade

Nací en el siglo de la defunción de la rosa
cuando el motor ya había ahuyentado a los ángeles.
Quito veía andar la última diligencia
y a su paso corrían en buen orden los árboles,
las cercas y las casas de las nuevas parroquias,
en el umbral del campo
donde las lentas vacas rumiaban el silencio
y el viento espoleaba sus ligeros caballos.
Mi madre, revestida de Poniente,
guardó su juventud en una honda guitarra
y sólo algunas tardes la mostraba a sus hijos
envuelta entre la música, la luz y las palabras.
Yo amaba la hidrografía de la lluvia,
las amarillas pulgas del manzano
y los sapos que hacían sonar dos o tres veces
su gordo cascabel de palo.
Sin cesar maniobraba la gran vela del aire.
Era la cordillera un litoral del cielo.
La tempestad venía, y al batir del tambor
cargaba sus mojados regimientos,
mas, luego el sol con sus patrullas de oro
restauraba la paz agraria y transparente.
Yo veía a los hombres abrazar la cebada,
sumergirse en el cielo unos jinetes
y bajar a la costa olorosa de mangos
los vagones cargados de mugidores bueyes.

El valle estaba allá con sus haciendas
donde prendía el alba su reguero de gallos
y al oeste la tierra donde ondeaba la caña
de azúcar su pacífico banderín, y el cacao
guardaban en un estuche su fortuna secreta,
y ceñían, la piña su coraza de olor,
la banana desnuda su túnica de seda.
Todo ha pasado ya, en sucesivo oleaje,
como las vanas cifras de la espuma.
Los años van sin prisa enredando sus líquenes
y el recuerdo es apenas un nenúfar
que asoma entre dos aguas
su rostro de ahogado.
La guitarra es tan sólo ataúd de canciones,
y se lamenta herido en la cabeza el gallo.
Han emigrado todos los ángeles terrestres,
hasta el ángel moreno del cacao.

AUTORRETRATO BURLESCO

T.S. Eliot
(Trad. Santiago del Campo)

¡Qué desagradable es toparse con el señor Eliot!,
con su aire de cura misionero
y su frente cenuda
y su boca puntuda
y su modo de hablar tan delicioso
limitado tan sólo a lo forzoso
al Sí, Quizás y Pero.
¡Qué desagradable es toparse con el señor Eliot!
con un rabón perrillo callejero
en un abrigo fino
y un gato "porpentino"
y un extraño sombrero:
¡Qué desagradable es toparse con el señor Eliot!
(Lo mismo si habla que si hablara cero).

BLASÓN

José Santos Chocano

Soy el cantor de América autóctono y salvaje:
mi lira tiene un alma, mi canto un ideal.
Mi verso no se mece colgado de un ramaje
con un vaivén pausado de hamaca tropical...

Cuando me siento inca, le rindo vasallaje
al Sol, que me da el cetro de su poder real;
cuando me siento hispano y evoco el coloniaje,
parecen mis estrofas trompetas de cristal.

Mi fantasía viene de un abolengo moro:
los Andes son de plata, pero el León de oro;
y las dos castas fundo con épico fragor.

La sangre es española e incaico es el latido;
y de no ser poeta, quizás yo hubiera sido
un blanco aventurero o un indio emperador.

AUTORRETRATO

José D. Frías

Patriarcal es la sangre que circula en mis venas
y heredé del esfuerzo de mis antecesores
un misticismo arcaico y algunos resplandores
del amor franciscano para las azucenas.

Pero sufrí las rachas de las actuales penas
y mis, antaño quietos, jardines interiores
se poblaron de risas y besos traidores,
y di al olvido el canto de las viejas avenas.

Mi rostro (...sin disfraces...) es benedictino,
y con un manso gesto de espigador camino.
Únicamente acecha a mi serenidad
el recóndito anhelo de mis labios sensuales,
y la delicadeza de mis manos ducales
que arrullan sobre el piano su alta ociosidad.

RETRATO

Antonio Machado

Mi infancia son recuerdos de un patio de Sevilla,
y un huerto claro donde madura el limonero;
mi juventud, veinte años en tierra de Castilla;
mi historia, algunos casos que recordar no quiero.

Ni un seductor Manara, ni un Bradomín he sido
—ya conocéis mi torpe aliño indumentario—,
mas recibí la flecha que me asignó cupido,
y amé cuanto ellas pueden tener de hospitalario.

Hay en mis venas gotas de sangre jacobina,
pero mi verso brota de mantial sereno;
y, más que un hombre al uso que sabe su doctrina,
soy, en el buen sentido de la palabra, bueno.

Adoro la hermosura, y en la moderna estética
corté las viejas rosas del huerto de Ronsard;
mas no amo los afeites de la actual cosmética,
ni soy una ave de esas del nuevo gay-trinar.

Desdeño las romanzas de los tenores huecos
y el coro de los grillos que cantan a la luna.
A distinguir me paro las voces de los ecos,
y escucho solamente, entre la voces, una.
¿Soy clásico o romántico? No sé. Dejar quisiera
mi verso, como deja el capitán su espada:

famosa por la mano viril que la blandiera,
no por el docto oficio del forjador preciada.

Converso con el hombre que siempre va conmigo
—quien habla solo espera hablar a Dios un día—;
mi soliloquio es plática con este buen amigo
que me enseñó el secreto de la filantropía.
Y al cabo, nada os debo; debeisme cuanto he escrito.

A mi trabajo acudo, con mi dinero pago
el traje que me cubre y la mansión que habito,
el pan que me alimenta y el lecho en donde yazgo.

Y cuando llegue el día del último viaje,
y esté al partir la nave que nunca ha de tornar,
me encontraréis a bordo ligero de equipaje,
casi desnudo, como los hijos de la mar.

MI RETRATO

Sor Juana Inés de la Cruz

Este que ves, engaño colorido
que del arte ostentando los primores,
con falsos silogismos de colores
es cauteloso engaño del sentido;

éste en quien la lisonja ha pretendido
excusar de los años los horrores
y venciendo del tiempo los rigores
triunfa de la vejez y del olvido,

es un vano artificio del cuidado,
es una flor al viento delicada,
es un resguardo inútil para el hado:
es una necia diligencia errada,
es un afán caduco y, bien mirado,
es cadáver, es polvo, es sombra, es nada.

AUTORRETRATO

David Valjalo

Feo de profesión y nacimiento,
triste la cara como un indio, triste
por costumbre y por uso y así existe:
mi rostro es profesión al cien por ciento.

El problema es igual, ser o no serlo.
Debo agregar, por dentro es otra cosa;
en ningún caso tiene color rosa.
El cuadro es sin pared donde ponerlo.

Por una larga vida es el contrato,
con rapidez total o sin apuro,
con risas o apoyado en una queja.

Y para terminar este retrato,
en vez de un aro viejo de oro puro,
un soneto me cuelga de la oreja.

LA MALA VIDA

La mala vida es el pecado, bohemia de noches angustiadas donde la orgía y el alcohol se hacen parientes consanguíneos. No hay horizontes ni esperanzas ni propósitos. A lo sumo un poco de arrepentimiento.

Pero, en verdad, todo se fue y todo se perdió.

Hoy es hoy, vacío y castigo, letra de tango.

EL BRINDIS DEL BOHEMIO

Guillermo Aguirre y Fierro
En el destierro, 1915

En torno de una mesa de cantina,
una noche de invierno,
regocijadamente departían
seis alegres bohemios.

Los ecos de sus risas escapaban
y de aquel barrio quieto
iban a interrumpir el imponente
y profundo silencio.

El humo de olorosos cigarrillos
en espirales se elevaba al cielo,
simbolizando, al resolverse en nada,
la vida de los sueños.

Pero en todos los labios había risas,
inspiración en todos los cerebros,
y, repartidas en la mesa, copas
pletóricas de ron, whisky o ajenjo.

Era curioso ver aquel conjunto,
aquel grupo bohemio
del que brotaba la palabra chusca,
la que vierte veneno,
lo mismo que, melosa y delicada,
la música de un verso.

A cada nueva libación, las penas
hallábanse más lejos
del grupo, y nueva inspiración llegaba
a todos los cerebros,
con el idilio roto que venía
en alas del recuerdo.

Olvidaba decir que aquella noche,
aquel grupo bohemio
celebraba, entre risas, libaciones,
chascarrillos y versos,
la agonía de un año que amarguras
dejó en todos los pechos,
y la llegada, consecuencia lógica,
del "feliz año nuevo"...

Una voz varonil dijo de pronto:
—Las doce, compañeros;
digamos el "requiéscat" por el año
que ha pasado a formar entre los muertos.
¡Brindemos por el año que comienza!
porque nos traiga ensueños;
porque no sea su equipaje un cúmulo
de amargos desconsuelos...

—Brindo, dijo otra voz, por la esperanza
que a la vida nos lanza,
de vencer los rigores del destino.
Por la esperanza, nuestra dulce amiga,
que las penas mitiga
y convierte en vergel nuestro camino.

Brindo porque ya hubiese a mi existencia
puesto fin con violencia

esgrimiendo en mi frente mi venganza;
si en mi cielo de tul, limpio y divino,
no alumbrara mi sino
una pálida estrella: Mi Esperanza.

—¡Bravo!, dijeron todos, inspirado
esta noche has estado
y hablaste bueno, breve y sustancioso.
El turno es de Raúl; alce su copa
y brinde por... Europe,
ya que su extranjerismo es delicioso...

—Bebo y brindo, clamó el interpelado;
brindo por mi pasado
que fue de luz, de amor y de alegría,
y en el que hubo mujeres seductoras
y frentes soñadoras
que se juntaron con la frente mía...

Brindo por el ayer que en la amargura
que hoy cubre de negrura
mi corazón, esparce sus consuelos
trayendo hasta mi mente las dulzuras
de goces, de ternuras,
de dichas, de deliquios, de desvelos.

—Yo brindo, dijo Juan, porque en mi mente
brote un torrente
de inspiración divina y seductora,
porque vibre en las cuerdas de mi lira
el verso que suspira,
que sonríe, que canta y que enamora.

Brindo porque mis versos cual saetas
lleguen hasta las grietas,

128

formadas de metal y granito,
del corazón de la mujer ingrata
que a desdenes me mata...
¡pero que tiene un cuerpo muy bonito!

Porque a su corazón llegue mi canto;
porque enjuguen mi llanto
sus manos que me causan embelesos;
porque con creces mi pasión me pague...
¡vamos!, porque me embriague
con el divino néctar de sus besos.

Siguió la tempestad de frases vanas,
de aquellas tan humanas
que hallaban en todas partes acomodo,
y en cada frase de entusiasmo ardiente,
hubo ovación creciente
y libaciones, y reír, y todo.

Se brindó por la patria, por las flores,
por los castos amores
que hacen un valladar de una ventana,
y por esas pasiones voluptuosas
que el fango del placer llena de rosas
y hacen de la mujer, la cortesana.

Sólo faltaba un brindis, el de Arturo,
el del bohemio puro, de noble corazón
y gran cabeza, aquel que sin ambages
declaraba que sólo ambicionaba
robarle inspiración a la tristeza.

Por todos estrechado, alzó la copa
frente a la alegre tropa

desbordante de risa y contento;
los inundó en la luz de una mirada,
sacudió su melena alborotada
y dijo así, con inspirado acento:

—Brindo por la mujer, mas no por ésa
en la que halláis consuelo en la tristeza,
rescoldo del placer, ¡desventurados!;
no por esa que os brinda sus hechizos
cuando besáis sus rizos
artificiosamente perfumados.

Yo no brindo por ella, compañeros,
siento por esta vez no complaceros.
Brindo por la mujer, pero por una,
por la que me brindó sus embelesos
y me envolvió en sus besos:
por la mujer que me arrulló en la cuna.

Por la mujer que me enseño de niño
lo que vale el cariño
exquisito, profundo y verdadero;
por la mujer que me arrulló en sus brazos
y que me dio en pedazos,
uno por uno, el corazón entero.

—¡Por mi madre!, bohemios, por la anciana
que piensa en el mañana
como en algo muy dulce y muy deseado,
porque sueña tal vez que mi destino
me señala el camino
por el que pronto volveré a su lado.

Por la anciana adorada y bendecida;
por la que con su sangre me dio vida
y ternura y cariño;
por la que fue la luz del alma mía
y lloró de alegría
sintiendo mi cabeza en su corpiño.

Por ésa brindo yo, dejad que llore,
que en lágrimas desflore
esta pena letal que me asesina;
dejad que brinde por mi madre ausente,
por la que llora y siente
que mi ausencia es un fuego que calcina.

Por la anciana infeliz que sufre y llora
y que del cielo implora
que vuelva yo muy pronto a estar con ella;
por mi madre, bohemios, que es dulzura
vertida en mi amargura
y en esta noche de mi vida, estrella...

El bohemio calló; ningún acento
profanó el sentimiento
nacido del dolor y la ternura,
y pareció que sobre aquel ambiente
flotaba inmensamente
un poema de amor y de amargura.

BOHEMIA

Ismael Enrique Arciniegas

Llegaron mis amigos del colegio
y absortos vieron mi cadáver frío.
"Pobre", exclamaron y salieron todos:
ninguno de ellos un adiós me dijo.

Todos me abandonaron. En silencio
fui conducido al último recinto;
ninguno dio un suspiro al que partía,
ninguno al cementerio fue conmigo.

Cerró el sepulturero mi sepulcro;
me quejé, tuve miedo y sentí frío,
y gritar quise en mi cruel angustia,
pero en los labios expiró mi grito.

El aire me faltaba y luché en vano
por destrozar mi féretro sombrío,
y en tanto..., los gusanos devoraban,
cual suntuoso festín, mis miembros rígidos.

¡Oh, mi amor!, dije al fin, ¿y me abandonas?
Pero al llegar su voz a mis oídos
sentí latir el corazón de nuevo
y volví al triste mundo de los vivos.

Me alcé y abrí los ojos. ¡Cómo hervían
las copas de licor sobre los libros!
El cuarto daba vueltas, y dichosos
bebían y cantaban mis amigos.

EL BORRACHO

Francois Coppée
(Trad. Ismael Enrique Arciniegas)

Siempre borracho entraba, y siempre altivo,
y el ebrio, sin motivo,
puñetazos le daba a su querida.
Dura cadena ató sus corazones,
unió los eslabones,
la miseria en el fango de la vida.
Por no dormir en noches tenebrosas
sobre las frías losas,
buscó de ese hombre vil la compañía.
Ella, malhumorada; él, displicente,
la riña era frecuente,
y, al fin, a puñetazos, la rendía.
El vecindario despertaba todo
al llegar el beodo
a su tabuco, ya de bebidas harto.
La vieja puerta abríala a empellones,
se oían maldiciones,
después quedaba silencioso el cuarto.
El invierno arreciaba; un triste día,
en que lenta caía
a los techos la nieve como un manto,
un hijo les nació; y esa inocente,
inmaculada frente,
no tuvo más bautismo que el del llanto.
A la noche siguiente,
a tientas por el muro,

llegó a las puertas de su hogar el padre,
detúvose de pronto el inhumano,
no levantó la mano
la respetó el borracho, ¡ya era madre!
Al mirarle enturbiada la pupila,
y al verlo que vacila,
y a darle puntapiés no se decide,
meciendo al niño que dormía:
"¡Infame!, dijo:
¿no me pegas, por qué,
quién te lo impide?
¡Estoy dispuesta!
Más barato te cuesta hoy el pan,
el invierno es menos triste,
licor en las tabernas no encontraste,
borracho como siempre no viniste.
¿Acaso te enmendaste?"
Fingió el turbado padre no oír nada;
dio al niño una mirada,
mezcla de estupidez y de cariño,
y dijo a la mujer: "¿Por qué me ofendes;
no sabes, no comprendes,
que si te pego se despierta el niño?..."

¡TABERNERO!

Rubén C. Navarro

¡Tabernero!
¡Voy de paso!
Dame un vaso
de tu vino,
que me quiero emborrachar,
para dejar de pensar
en este cruel destino,
que me hiere sin cesar...!
¡Tabernero, dame vino,
del bueno para olvidar...!

Tú que a todos envenenas
con tu brebaje maldito,
¿cómo quieres comprender
lo infinito
de las penas
que da al morir un querer?
Acaso nada te apura
porque tienes la ventura
de tener
una dulce compañera
que te espera
sin saber
que algún día no lejano,
se irá con rumbo al Arcano,
para nunca más volver...!

Yo también tuve un Amor,
que fue grande, ¡quizás tanto
como lo es hoy mi dolor!
y también sentí el encanto
de una boca perfumada,
que en la frente y en los ojos
y en los labios me besó!
Yo también tuve una amada;
pero... ya no tengo nada
porque Dios me la quitó...!

Ya ves que amargo el Destino
que me hiere sin cesar.
¡Tabernero... dame vino...!
del bueno... para olvidar...!

BALADA DEL VIOLIN

Víctor Domingo Silva

Aquel mozo enfermo y flaco
tocaba el violín al sol
por un sorbo de alcohol
o un puñado de tabaco.
¡Y buen dar!, cuando tocaba
algún rondel español
o alguna sonata eslava...
Aquel mozo enfermo y flaco
salía a buscar el sol
y a llenar su viejo saco,
por un sorbo de alcohol
o un puñado de tabaco.
Salía a matar su esplín
cuando tocaba el violín
cuando como un caracol
salía a buscar el sol...
Aquel mozo enfermo y flaco
murió tocando el violín.
¿Qué queréis? Halló su fin
en un sorbo de alcohol
y un puñado de tabaco.
Le hallaron tendido al sol
y abrazado a su violín...

BALADA DE LA MALA REPUTACIÓN

Paul Verlaine

Tuvo en tiempo algún dinero
que entregó a sus camaradas
de uno o de otro sexo,
sutiles y encantadores
¡aunque entre gentes sensatas
su buena reputación
fue cayendo cada vez!
¿Lúculo? No. Trimalción.

Bajo el techo de su casa
hubo cantos y discursos.
Eros y Baco indulgentes
presidían sus veladas.
Acompañados de abrazos,
coros y conversación
cesaban con fin selvático.
¿Lúculo? No. Trimalción.

Al alba, aquellos perversos
saludaban con canciones
que despertaban las gentes
de bien de aquellos contornos.
Sin embargo, las brigadas,
—por celos o delación—
denunciábanlo al Alcalde.
¿Lúculo? No. Trimalción.

LAS ABANDONADAS

Julio Sesto
A Elías

Cómo me dan pena las abandonadas,
que amaron creyendo ser también amadas,
y van por la vida llorando un cariño,
recordando un hombre y arrastrando un niño...

¡Cómo hay quien derribe del árbol la hoja
y al verla en el suelo ya no la recoja,
y hay, quien a pedradas tire el fruto verde
y lo eche rodando después que lo muerde!

Las abandonadas son fruta caída
del árbol frondoso y alto de la vida;
son, más que caída, fruta derribada
por un beso artero como una pedrada!

Por las calles ruedan esas tristes frutas
como maceradas manzanas enjutas,
y en sus pobres cuerpos antaño turgentes,
llevan la indeleble marca de unos dientes...

Tienen dos caminos que escoger: el quicio
de una puerta honrada, o el harem del vicio:
¡y en medio de tantos rigores,
aún hay quien a hablarles se atreven de amores!

Aquellos magnates que ampararlas pueden,
más las precipitan para que más rueden,
y hasta hay quien se vuelve su postrer verdugo
queriendo exprimirlas si aún las queda jugo!

Las abandonadas son como el bagazo
que alambica el beso y exprime el brazo;
si aún les queda zumo, lo chupa el dolor;
¡son triste bagazo, bagazo de amor!

Cuando las encuentro me llenan de angustias
sus senos marchitos y sus caras mustias,
y pienso que arrastra su arrepentimiento
un niño que es hijo del remordimiento...

El remordimiento lo arrastra algún hombre
oculto, que al niño niega techo y nombre!
Al ver esos niños de blondos cabellos,
yo quisiera amarlos y ser padre de ellos.

Las abandonadas me dan estas penas,
porque casi todas son mujeres buenas;
son manzanas secas, son fruta caída
del árbol frondoso y alto de la vida.

No hay quien las ampare, no hay quien las recoja
más que el mismo viento que arrastra la hoja...
Marchan con los ojos fijos, en el suelo,
cansadas, en vano, de mirar al cielo!

De sus hondas cuitas, ni el Señor se apiada,
porque de estas cosas... ¡Dios no sabe nada!
Y así van los pobres, llorando un cariño,
recordando un hombre y arrastrando un niño.

SOLO PARA (SOLITARIOS)

Paradójicamente, cuando los poetas cantan a la soledad es para no sentirse solos. Debido a eso, nos convierten en impertinentes testigos de congojas y reclamos.

Y, aunque la soledad puede ser contagiosa, aceptamos el reto de la impertinencia, acompañándolos o, a menudo, indentificándonos con ellos.

Son riesgos de la poesía.

DACTILÓGRAFO

Mario Benedetti

Montevideo quince de noviembre
de mil novecientos cincuenta y cinco.
Montevideo era verde en mi infancia,
absolutamente verde y con tranvías
muy señor nuestro por la presente
yo tuve un libro del que podía leer
veinticinco centímetros por noche
y después del libro la noche se espesaba
y yo quería pensar en cómo sería eso
de no ser, de caer como piedra en un pozo
comunicamos a usted que en esta fecha
hemos efectuado por su cuenta
quién era ah si mi madre se acercaba
y prendía la luz y no te asustes
y después la apagaba antes que me durmiera
el pago de trescientos doce pesos
a la firma Menéndez & Solari
y sólo veía sombras como caballos
y elefantes monstruosos casi hombres
y sin embargo aquello era mejor
que pensarme sin la savia del miedo
desaparecido como se acostumbra
en un todo de acuerdo con sus órdenes
de fecha siete del corriente
era tan diferente era verde
absolutamente verde y con tranvías

y qué optimismo tener la ventanilla
sentirse dueño de la calle que baja
jugar con los números de las puertas cerradas
y apostar consigo mismo en términos severos
rogámosle acusar recibo lo antes posible
si terminaba en cuatro o trece o diecisiete
era que iba a reír o a perder o a morirme
de esta comunicación a fin de que podamos
y hacerme tan sólo una trampa por cuadra
registrarlo en su cuenta corriente
absolutamente verde y con tranvías
y el Prado con caminos de hojas secas
y el olor a eucaliptus y a temprano
saludamos a usted atentamente
y desde allí los años y quién sabe.

CAMINANDO

Nicolás Guillén

Caminando, caminando,
¡caminando!

Voy sin rumbo caminando,
caminando;
voy sin plata caminando,
caminando;
voy muy triste caminando,
caminando.

Está lejos quien me busca,
caminando;
quien me espera está más lejos,
caminando;
y ya empeñé mi guitarra,
caminando.

Ay, las piernas se ponen duras,
caminando;
los ojos ven desde lejos,
caminando;
la mano agarra y no suelta,
caminando.

Al que yo coja y lo apriete,
caminando,
éste la paga por todos,
caminando;
a ése le parto el pescuezo,
caminando,
y aunque me pida perdón,
me lo como y me lo bebo,
me lo bebo y me lo como,
caminando,
caminando,
caminando...

MONÓLOGO DE SEGISMUNDO

Pedro Calderón de la Barca

¡Ay mísero de mí! ¡Ay, infeliz!
Apurar cielos, pretendo.
ya que me tratáis así,
qué delito cometí
contra vosotros naciendo;
aunque si nací, ya entiendo
qué delito he cometido:
bastante causa he tenido
vuestra justicia y rigor,
pues el delito mayor
del hombre es haber nacido.
Sólo quisiera saber,
para apurar mis desvelos
(dejando a una parte, cielos,
el delito de nacer),
¿qué más os puede ofender
para castigarme más?
¿No nacieron los demás?
Pues, si los demás nacieron,
¿qué privilegio tuvieron
que yo no gocé jamás?
Nace el ave, y son las galas
que le dan belleza suma,
apenas es flor de pluma,
o ramillete con alas,
cuando las etéreas salas

corta con velocidad,
negándose a la piedad
del nido que deja en calma;
¿y teniendo yo más alma
tengo menos libertad?
Nace el bruto, y con la piel
que dibujan manchas bellas,
apenas signo es de estrellas
(gracias al docto pincel),
cuando atrevido y cruel
la humana necesidad
le enseña a tener crueldad
monstruo de su laberinto;
¿y yo con mejor instinto
tengo menos libertad?
Nace el pez, que no respira,
aborto de ovas y lamas,
y apenas bajel de escamas,
sobre las ondas se mira,
cuando a todas partes gira
midiendo la intensidad
de tanta capacidad
como le da el centro frío;
¿y yo con más albedrío
tengo menos libertad?
Nace el arroyo, culebra
que entre flores se desata,
y apenas, sierpe de plata
entre las flores se quiebra,
cuando músico celebra
de las flores la piedad,
que le da la majestad
del campo abierto a su huída,
¿y teniendo yo más vida

tengo menos libertad?
En llegando a esta pasión
un volcán, un Etna hecho,
quisiera arrancar del pecho
pedazos de corazón;
¿qué ley, justicia o razón,
negar a los hombres sabe
privilegio tan suave,
excepción tan principal,
que Dios le ha dado a un cristal,
a un pez, a un bruto y a una ave?

LA MANO DE ONAN SE QUEJA

Manuel del Cabral

Yo soy el sexo de los condenados
No el juguete de alcoba que economiza vida.
Yo soy la amante de los que no amaron,
Yo soy la esposa de los miserables.
Soy el minuto antes del suicida
Sola de amor, mas nunca solicitaria,
limitada de piel, saco raíces...
Se me llenan de ángeles los dedos,
se me llenan de sexos no tocados.
Me parezco al silencio de los héroes.
No trabajo con carne solamente...
Va más allá de digital mi oficio
En mi labor hay un obrero alto...
Un Quijote se ahoga entre mis dedos,
una novia también que no se tuvo.
Yo apenas soy violenta intermediaria
porque también hay verso en mis temblores,
sonrisas que se cuajan en mi tacto,
misas que se derriten sin iglesias.
Discursos fracasados que resbalan,
besos que bajan desde el cráneo a un dedo,
toda la tierra suave en un instante.
Es mi carne que huye de mi carne;
horizonte que saco de una gota,
una gota que junta
todos los ríos en mi piel, borrachos;

un goterón que trae
todas las aguas de un ciclón oculto,
todas las venas que prisión dejaron
y suben con un viento de licores
a mojarse de abismo en cada uña,
a sacarme la vida de mi muerte.

CUANDO SEPAS HALLAR UNA SONRISA

Enrique González Martínez
A Ricardo Arenales

Cuando sepas hallar una sonrisa
en la gota sutil que se rezuma
de las porosas piedras en la bruma,
en el sol, en el ave y en la brisa;

cuando nada a tus ojos quede inerte,
ni informe, ni incoloro, ni lejano,
y penetres la vida y el arcano
del silencio, las sombras y la muerte;

cuando tiendas la vista a los diversos
rumbos del cosmo, y tu esfuerzo propio
sea como potente microscopio
que va hallando visibles universos,

entonces en la flama de la hoguera
de un amor infinito y sobrehumano
como el santo de Asís dirás hermano
al árbol, al celaje o a la fiera.

Sentirás en la inmensa muchedumbre
de seres y de cosas tu ser mismo;
serás todo pavor con el abismo
y serás todo orgullo con la cumbre.

Sacudirá tu amor el polvo infecto,
que macula el blancor de la azucena,
bendecirás las márgenes de arena
y adorarás el vuelo de un insecto;

y besarás el garfio del espino
y el sedeño ropaje de las dalias...
y quitarás piadoso tus sandalias
para no herir las piedras del camino.

NO ME MUEVE MI DIOS PARA QUERERTE...

Miguel de Guevara

No me mueve, mi Dios, para quererte
El cielo que me tienes prometido,
Ni me mueve el infierno tan temido
Para dejar por eso de ofenderte.
    Tú me mueves, Señor, muéveme al verte
Clavado en una cruz y escarnecido;
Muéveme ver tu cuerpo tan herido;
Muéveme tus afrentas y tu muerte.
    Muéveme, al fin, tu amor, y en tal manera,
Que aunque no hubiera cielo, yo te amara.
    No me tienes que dar porque te quiera;
Pues aunque lo que espero no esperara,
Lo mismo que te quiero te quisiera.

NOCTURNO

Gabriela Mistral

Padre Nuestro que estás en los cielos,
¡por qué te has olvidado de mí!
Te acordaste del fruto en febrero,
al llegarse su pulpa rubía.
¡Llevo abierto también mi costado,
y no quieres mirar hacia mí!
Te acordaste del negro racimo,
y lo diste el lagar carmesí;
y aventaste las hojas del álamo,
con tu aliento, en el aire sutil.
¡Y en el ancho lagar de la muerte
aun no quieres mi pecho oprimir!
Caminando vi abrir las violetas;
el falerno del viento bebí,
y he bajado, amarillos, mis párpados,
por no ver más enero ni abril.
Y he apretado la boca, anegada
de la estrofa que no he de exprimir.
¡Has herido la nube de otoño
y no quieres volverte hacia mí!
Me vendió el que besó mi mejilla;
me negó por la túnica ruín.
Yo en mis versos el rostro con sangre,
como Tú sobre el paño, le di.
Y en mi noche del Huerto, me han sido
Juan Cobarde y el Ángel hostil.

Ha venido el cansancio infinito
a clavarse en mis ojos, al fin:
el cansancio del día que muere
y el del alba que debe venir;
¡el cansancio del cielo de estaño
y el cansancio del cielo de añil!
Ahora suelto la mártir sandalia
y las trenzas pidiendo dormir.
Y perdida en la noche, levanto
el clamor aprendido de Ti:
¡Padre nuestro que estás en los cielos
por qué te has olvidado de mí!

WALKING AROUND

Sucede que me canso de ser hombre,
sucede que entro en las sastrerías y en los cisnes
marchito, impenetrable, como un cisne de fieltro
navegando en un agua de origen y ceniza.

El olor de las peluquerías me hace llorar a gritos.
Sólo quiero un descanso de piedras o de lana,
sólo quiero no ver establecimientos ni jardines
ni mercaderías, ni anteojos, ni ascensores.

Sucede que me canso de mis pies y mis uñas
y mi pelo y mi sombra.
Sucede que me canso de ser hombre.

Sin embargo sería delicioso
asustar a un notario con un lirio cortado
o dar muerte a una monja con un golpe de oreja.
Sería bello
ir por las calles con un cuchillo verde
y dando gritos hasta morir de frío.

No quiero seguir siendo raíz en las tinieblas,
vacilante, extendido, tiritando de sueño,
hacia bajo, en las tripas mojadas de la tierra,
absorbiendo y pensando, comiendo cada día.

No quiero para mí tantas desgracias.
No quiero continuar de raíz y de tumba,
de subterráneo solo, de bodega con muertos
ateridos, muriéndose de pena.

Por eso el día lunes arde como el petróleo
cuando me ve llegar con mi cara de cárcel,
y aúlla en su transcurso como una rueda herida,
y da pasos de sangre caliente hacia la noche.

Y me empuja a ciertos rincones, a ciertas casas
                                        [húmedas,
a hospitales donde los huesos salen por la ventana,
a ciertas zapaterías con olor a vinagre,
a calles espantosas como grietas.

Hay pájaros de color azufre y horribles intestinos
colgando de las puertas de las casas que odio,
hay dentaduras olvidadas en una cafetera,
hay espejos
que debieran haber llorado de vergüenza y espanto,
hay paraguas en todas partes, y venenos, y ombligos.

Yo paseo con calma, con ojos, con zapatos,
con furia, con olvido,
paso, cruzo oficinas y tiendas de ortopedia,
y patios donde hay ropas colgadas de un alambre;
calzoncillos, toallas y camisas que lloran
lentas lágrimas sucias.

NO TIENE IMPORTANCIA

Pedro Miguel Obligado

Esta pena mía
no tiene importancia.
Sólo es la tristeza de una melodía
y el íntimo ensueño de una fragancia.
"Que todo se muere,
que la vida es triste
que no vendrás nunca por más que te espere,
pues ya no me quieres como me quisiste".
No tiene importancia...
Yo soy razonable;
no puedo pedirte ni amor ni constancia;
¡si es mía la culpa de no ser variable!
¿Qué valen mis quejas
si no las escuchas?
¿Y qué mis caricias, desde que las dejas
quizá despreciadas porque fueron muchas?
¡Si esta pena mía
no es más que el ensueño de alguna fragancia,
no es más que la sombra de alguna melodía!
Ya ves... ¡que no tiene ninguna importancia...!

CANTO DEL MACHO ANCIANO

Pablo de Rokha

Sentado a la sombra inmortal de un sepulcro,
o enarbolando el gran anillo matrimonial herido a la
[manera de palomas que se deshojan como congojas,
escarbo los últimos atardeceres.

Como quien arroja un libro de botellas tristes a la
mar-Océano
o una enorme piedra de humo echando sin
embargo espanto a los acantilados de
                                              [la historia
o acaso un pájaro muerto que gotea llanto,
voy lanzando los peñascos inexorables del pretérito
contra la muralla negra.

Y como ya todo es inútil,
como los candados del infinito crujen en goznes
                                              [mohosos,
su actitud llena la tierra de lamentos.
                        ....
Ha llegado la hora vestida de pánico
en la cual todas las vidas carecen de sentido,
   [carecen de destino, carecen de estilo y de espada,
carecen de dirección, de voz, carecen de todo lo
   [rojo y terrible de las empresas o las epopeyas o las
                                       [vivencias ecuménicas,
que justificarán la existencia como peligro o como
                        [suicidio; un mito enorme,

159

equivocado, rupestre, de rumiante
fue el existir; y restan las chaquetas solas del
[ágape inexorable, las risas caídas y el arrepenti-
miento invernal de los excesos, en aquel entonces
antiquísimo con rasgos de santo y de demonio,
cuando yo era hermoso como un
                [toro negro y tenía las mujeres que quería
y un revólver de hombre a la cintura.

                ....

Fallan las glándulas
y el varón genital intimidado por el yo rabioso, se
[recoge a la medida del abatimiento o atardeciendo
araña la perdida felicidad en los escombros;
el amor nos agarró y nos estrujó como a limones
                                [desesperados,
yo ando lamiendo su ternura,
pero ella se diluye en la eternidad, se confunde en
[la eternidad, se destruye en la eternidad y aunque
existo porque batallo y "mi poesía es mi
                                [militancia",
todo lo eterno me rodea amenazándome y gritando
                                [desde la otra orilla.

                ....

Todas las cosas van siguiendo mis pisadas,
                [ladrando desesperadamente,
como un acompañamiento fúnebre, mordiendo el
[siniestro funeral del mundo, como el entierro
                                [nacional
de las edades, y yo voy muerto andando.

                ....

Anduve todos los caminos preguntando por el
                                [camino,
e intuyó mi estupor que una sola ruta, la muerte

[adentro de la muerte edificaba su ámbito adentro
[de la muerte,
reintegrándose en oleaje oscuro a su epicentro;
he llegado adonde partiera, cansado y sudando
[sangre como el Jesucristo de los olivos, yo que soy
[su enemigo;
y sé perfectamente que no se va a retornar ninguno
de los actos pasados o antepasados, que son el
[recuerdo de un recuerdo como lloviendo años
[difuntos del agonizante ciclópeo,
porque yo siendo el mismo soy distinto, soy lo
[distinto mismo y lo mismo distinto;
todo lo mío ya es irreparable;
y la gran euforia alcohólica en la cual naufragaría el
[varón conyugal de entonces,
conmemorando los desbordamientos felices,
es hoy por hoy un vino terrible despedazando las
[vasijas o clavo ardiendo.
....
Cien puñales de mar me apuñalearon
y la patada estrangulada
de lo imponderable, fue la ley provincial del
[hombre pobre que se opone al pobre hombre y es
[maldito,
vi morir, refluir la materia enloquecida, llorando
a la más amada de las mujeres, tronchado,
[funerario, estupefacto, mordido de abismos
baleado y pateado por los fusileros del horror, y en
[tales instantes
espero los acerbos días de la calavera que adviene
[cruzando los relámpagos con la cuchilla entre los
[dientes.

Voy a estallar adentro del sepulcro suicidándome
[en cadáver.

161

A MIS SOLEDADES VOY

Lope de Vega

A mis soledades voy,
De mis soledades vengo,
Porque para andar conmigo
Me bastan mis pensamientos.
¡No se qué tiene la aldea
Donde vivo y donde muero,
Que con venir de mí mismo
No puedo venir más lejos!
Ni estoy bien ni mal conmigo;
Mas dice mi entendimiento
Que un hombre que todo es alma
Está cautivo en su cuerpo.
Entiendo lo que me basta,
Y solamente no entiendo
Cómo se sufre a sí mismo
Un ignorante soberbio.
De cuantas cosas me cansan,
Fácilmente me defiendo;
Pero no puedo guardarme
De los peligros de un necio.
Él dirá que yo lo soy,
Pero con falso argumento;
Que humildad y necedad
No caben en un sujeto.
La diferencia conozco,
Porque en él y en mí contemplo,

Su locura en su arrogancia,
Mi humildad en su desprecio.
O sabe naturaleza
Más que supo en otro tiempo,
O tantos que nacen sabios
Es porque lo dicen ellos.
Sólo sé que no sé nada,
Dijo un filósofo, haciendo
La cuenta con su humildad,
Adonde lo más es menos.
No me precio de entendido,
De desdichado me precio;
Que los que no son dichosos,
¿Cómo pueden ser discretos?
No puede durar el mundo,
Porque dicen, y lo creo,
Que suena a vidrio quebrado
Y que ha de romperse presto.
Señales son del juicio
Ver que todos le perdemos,
Unos por carta de más,
Otros por carta de menos.

MI CORAZÓN ES UN TAMBOR

Carlos Zugasti

Mi corazón es un tambor viejo
que acompasadamente marca
el ritmo de mis ideas perdidas...
suena y suena, su eco
se escucha ya desde muy lejos
como la queja primitiva
que todos tienen, mas soy ambicioso
y quiero saber que mi música suena fuerte,
que todos escuchen el ruido
que desde aquí brota.

Soy en mí, mi propio hechicero
que en la noche de mi vida
hechizo al que escucha...
soy sonido que vuela y golpe que perdura.

Mi corazón es un tambor viejo
que anhela su "solo" en el concierto,
quiere tocar en el arreglo inmortal.
¡Escuchen el ruido que produce! Y es cierto,
no todas mis notas son iguales ni monótonas
soy tambor viejo de sonido áspero
que suena a marcha, a pueblo,
a canto primitivo que no se olvida...
pocos me escuchan...
nadie quiere un tambor.

Mi corazón es un tambor viejo
cuyo cuero no se restira,
soy sonido fuerte, me asemejo al trueno
presagio tormentas, ejecuciones y guerras.

Mi corazón es un tambor viejo
que va al desván de los olvidos
sin tener aún su noche de gala.

A mi cuerpo le marcó sus compases,
ágil fue al principio,
lento ahora al declinar el día.
Al reconocer el irremisible destino
me rebelo y emito el sonido salvaje.
¡Quiero aturdir al mundo!
Soy corazón —tambor— viejo
que anhela el epílogo del ocaso
para tocar su última estrofa,
cerca, muy cerca de una cruz
en donde se crucifique mi canto,
allí dejaré de sonar y me
perderé en el eco de mi llanto
hasta saber
que fui un corazón
tambor —viejo que supo sonar.

LOS PREFERIDOS

Más allá de la aventura y las pasiones —o por encima de ellas—, los poetas suelen tarde o temprano detenerse para volver los ojos a sus seres queridos. Entonces, el hogar se hace poesía, con sus personajes entrañables: la madre, el padre, los abuelos, los hermanos, los hijos y los nietos.

Por ese impulso, vuelven al pago los hijos pródigos y con su estilo peculiar convocan a juntas de familia.

Es ésta una poesía de recuerdos, de nostalgias.

Poesía para toda ocasión.

¡TIENES MADRE!

Hnos. Álvarez Quintero

Pedaso de mis entrañas,
sangre que yeva mi sangre,
¡tienes madre!
Duerme tranquilo en mis brazos,
en este trono tan grande
que Dios tan sólo consede
a los hombres cuando nasen.
Yo espantaré con mis ojos
a quien venga a despertarte:
¡tienes madre!
Duerme tranquilo, arma mía...
Ningún peligro te asuste;
no te dé miedo de nadie;
de lobos que te acosaran
yo sabría resguardarte.
Duerme tranquilo tu sueño...
Y cuando el invierno yegue,
que er frío no te acobarde;
yo traeré leña der monte...
¡Tienes madre!
Te esperan en este mundo
traisiones y farsedades,
y no has de librarte de eyas,
aunque vivas vigilante.
Hay solamente un sercao
donde la trisión no cabe;

búscalo, que está en mi pecho...
¡Tienes madre!
Yo seré luz de tus ojos,
lusero que te acompañe,
alimento de tu boca,
medisina de tus males.
y seré flor en tus pasos,
y seré olor en tu aire,
y seré sombra en tu vida...
¡Tienes madre!
Cuando penes, ve a mi encuentro,
que en er camino has de hayarme;
cuando yores no me grites,
que yo iré sin que me yames...
Pedaso de mis entrañas,
sangre que yeva mi sangre,
duerme tranquilo tu sueño...
¡Tienes madre!

CARTA A LA MADRE

Salvatore Quasimodo
(Traducción de Fernando Pezoa)

"Mater dulcissíma, ahora se levantan las nubes,
el Navío topa confusamente contra los díques,
los árboles se hinchan de agua, arden de nieve;
no estoy triste en el Norte: no estoy em paz
conmigo mismo, pero no espero
el perdón de ninguno; muchos me deben lágrimas
de hombre a hombre. Sé que no está bien, que vives
como todas las madres de los poetas, pobre
y según la medida de amor
por los hijos lejanos. Hoy, soy yo
quien te escribe". Finalmente, dirás dos palabras
sobre aquel muchacho que huyó de noche con su
[chaquetilla
y algunos versos en el bolsillo. Pobre, tan impetuoso,
lo matarán un día en algún lugar.
"Cierto, recuerdo, fue en aquella escalerilla gris
de los lentos trenes que llevaban almendras y
[naranjas
a la boca del Imera, el río lleno de urracas,
de sal, de eucaliptus. Pero ahora te agradezco.
—sólo esto quiero— con la misma ironía que pusiste
en mis labios, aigual a la tuya.
Esa sonrisa me ha salvado de llantos y dolores.
No importa si ahora tengo alguna lágrima por ti,
por todos aquellos, que como tú esperan
y no saben qué. Ah, amable muerte,
no toquéis el reloj de la cocina que golpea en
[el muro:

toda mi infancia ha pasado en el esmalte
de su esfera, en sus flores pintadas;
no toquéis las manos, el corazón de los viejos.
Pero tal vez alguno responde. Ah, muerte piadosa,
muerte pudorosa.
Adiós, amada, adiós dulcissíma mater".

PALABRAS A MAMÁ

César Tiempo

Eres en nuestra casa como un ángel custodio,
nos cuidas todavía como a tiernas criaturas
que viven asombradas el primer episodio
de una maravillosa novela de aventuras.

Rosa y David esmaltan su claro mediodía
con gritos y canciones mientras dibujo sueños.
Mamá, ¿quién dio a tus ojos tanta sabiduría
para encontrarnos siempre débiles y pequeños?

A MI MADRE

Edmundo D'Amicis

Amo el nombre gentil, amo la honesta
aura del rostro que del pecho arranca.
Amo la mano delicada y blanca
que mis lloros a secar acude presto,
los brazos donde yo doblo la testa
que a mi trabajo sirven de palanca.
Amo la frente pura, abierta, franca,
donde toda virtud se manifiesta.
Pero amo mucho más la voz sencilla
que el ánimo conforta entristecido
convenciendo y causando maravilla.
La voz que cariñosa hasta mi oído
llega al alba a decirme dulce y bajo:
Hijo mío: ¡Es la hora del trabajo!

DORMID TRANQUILOS

Baldomero Fernández Moreno

Dormid tranquilos, hermanitos míos,
dormid tranquilos, padres algo viejos,
porque el hijo mayor vela en su cuarto
sobre la casa y el reposo vuestro.

Estoy despierto y escuchando todos
los ruidos de la noche y del silencio:
el suave respirar de los dormidos,
alguno que se da vuelta en el lecho,
una media palabra de aquel otro
que sueña en alta voz; el pequeñuelo
que se despierta siempre a medianoche
y la tos del hermano que está enfermo.

Hay que educar a los hermanos chicos
y aseguraros días bien serenos
para la ancianidad. ¡Oh, padre y madre,
dormid tranquilos, que yo estoy despierto!

ACUARELA DEL NIETO

Rafael Hurtado

Ángel de polen. Clavel de febrero.
Travieso abejorro en afán de miel.
Perfume tranquilo. Trino de jilguero.
Cerezo entre brisas. Agua fresca y fiel.
Cantarito loco. Pilluelo en levadura.
Rutas de conquistas. Caricia de mar.
Crédito de vida enhiesto en ternura.
Amuleto de pan. Cofre de hogar.
Pajarito de sol. Lámpara de amigo
con aceite ardiendo como faro en flor:
Nieto de proletarios que amasan consigo
una aurora nueva y nueva luz de amor.

BOCETO DE LA MADRE

Ramón Ángel Jara

Hay una mujer que tiene algo de Dios por la inmensidad de su amor, y mucho de ángel por la incansable solicitud de sus cuidados; una mujer que, siendo joven, tiene la reflexión de una anciana y, en la vejez, trabaja con el vigor de la juventud; una mujer que, si es ingnorante, descubre los secretos de la vida con más acierto que un sabio, y si es instruida se acomoda a la simplicidad de los niños; una mujer que, siendo pobre, se satisface con la felicidad de los que ama y, siendo rica, daría con gusto sus tesoros por no sufrir en su corazón la herida de la ingratitud; una mujer que, siendo vigorosa, se estremece con el vágido de un niño y, siendo débil, se reviste a veces con la bravura del león; una mujer que, mientras vive, no sabemos estimar, porque a su lado todos los dolores se olvidan; pero, después de muerta, daríamos todo lo que somos y todo lo que tenemos por mirarla de nuevo un solo instante, por recibir de ella un solo abrazo, por escuchar un solo acento de sus labios. De esa mujer no me exijáis el nombre a mí, si no queréis que empape con lágrimas vuestro álbum, porque la vi pasar en mi camino.

Cuando crezcan vuestros hijos, leedles esta página, y ellos, cubriendo de besos vuestra frente, os dirán que un humilde viajero, en pago del suntuoso hospedaje recibido, ha dejado para vos y para ellos un boceto de su madre.

ASOMADO A TUS OJOS

Mario Jorge de Lellis

Asomado a tus ojos me pregunto
cómo serás mañana.

Por qué calle pasearás
tu pelo de rubia ráfaga.

Cómo serás de contenta,
de indiferente o de lánguida.

Qué vestido te pondrás
para hacerte colorada

y qué ideas con obreros
tendrá tu puño y tu palma.

Por supuesto, me pregunto
si estarás enamorada.

Si un lirio habrá trepado
al corazón por tu falda

y si en tu cosa de pueblo
estará nuestra palabra.

Por supuesto, te pregunto
si a este padre sin gracia

lo seguirás en umbrales
o en perritos que te ladran.

O si me habrás olvidado
en los soles y en las lámparas.

A veces me da un gran miedo
subirme por tus montañas.

¡MADRE!

Manuel José Othón

¡Madre! Religión del alma,
diosa que por culto tiene
el amor que se mantiene
en el templo del hogar,
que sólo tiene por flores
las impresiones sagradas
que forman con sus oleadas
el incienso de su altar.

¡Madre! Sacrosanto nombre,
puro emblema de consuelo
y que encierra todo un cielo
de esperanzas y de amor.
Blanca estrella que fulgura,
en la noche de la vida,
disipando bendecida
las tinieblas del dolor.

Ángel que con blancas alas
atraviesa por el suelo,
haciendo del mundo un cielo
y del cual vamos en pos.
Luz que alumbra con sus rayos
este abismo de dolores,
remedando los fulgores
de las sonrisas de Dios...

¡Ah! ¡Cómo cantar mi labio
tu grandeza sacrosanta!

¡Mi labio que sólo canta
de la vida el azahar...
Pero no; mi labio calla,
mas ya está regenerado
pues quedó santificado
tu nombre con pronunciar.

A MI HIJA

Isabel Prieto de Ladázuri

Bienvenida, mi cándida paloma,
mi capullo gentil de blando aroma,
mi lirio virginal;
sonrisa del Señor que desde el cielo
manda un ángel de luz para consuelo
del mísero mortal.
Bienvenida, mi bien, ay, bienvenida
a este penoso valle de la vida
que vas a atravesar...
¡Si pudiera hasta el fin de tu jornada
conducirte en mi seno reclinada,
conjurando el pesar!
¡Si pudiera evitar, luz de mis ojos,
que punzaran tu planta los abrojos,
que has de hallar por doquier!
¡Si pudiera evitarte llanto y penas
y tus horas guardar siempre serenas,
libres del padecer!

LA VUELTA AL HOGAR

Olegario V. Andrade

Todo está como era entonces:
la casa, la calle, el río,
los árboles con sus hojas
y las ramas con sus nidos!
Todo está, nada ha cambiado,
el horizonte es el mismo;
lo que dicen esas brisas
ya otras veces me lo han dicho!
Ondas, aves y murmullos
son mis viejos conocidos,
confidentes del secreto
de mis primeros suspiros!
Bajo aquel sauce que moja
su cabellera en el río,
largas horas he pasado
a solas con mis delirios.
Las hojas de esas achiras
eran el tosco abanico
que refrescaba mi frente
y humedecía mis rizos.
Un viejo tronco de ceibo
me daba sombra y abrigo,
un ceibo que desgajaron
los huracanes de estío!
Piadosa una enredadera
de perfumados racimos,

lo adornaba con sus flores
de pétalos amarillos.
El ceibo estaba orgulloso
con un brillante atavío;
¡era un collar de topacios
ceñido al cuello de un indio!
Todos aquí me confiaban
sus penas y sus delirios;
con sus suspiros las hojas
con sus murmullos el río.
¡qué triste estaba la tarde
la última vez que nos vimos!
Tan sólo cantaba un ave
en el ramaje florido.
Era un zorzal que entonaba
sus más dulcísimos himnos,
¡pobre zorzal que venía
a despedir a un amigo!
Era el cantor de las selvas,
la imagen de mi destino,
viajero de los espacios,
siempre amante y fugitivo.
¡Adiós! Parecían decirme
sus melancólicos trinos;
¡adiós, hermano en los sueños!
¡Adiós, inocente niño!
¡Yo estaba triste, muy triste!
El cielo obscuro y sombrío,
los juncos y las achiras
se quejaban al oírlo.
Han pasado muchos años
desde aquel día tristísimo;
¡muchos sauces han tronchado
los huracanes bravíos!
Hoy vuelve el niño hecho hombre,

no ya contento y tranquilo:
con arrugas en la frente
y el cabello emblanquecido.
Aquella alma limpia y pura
como un raudal cristalino
es una tumba que tiene
la lobreguez del abismo!
aquel corazón tan noble,
tan ardoroso y altivo,
que hallaba el mundo pequeño
a sus gigantes designios,
es hoy un hueco poblado
de sombras que no hacen ruido.
Sombras de sueños, dispersos
como neblina de estío!
¡Ah!, todo está como entonces,
los sauces, el cielo, el río,
las olas, hojas de plata
del árbol del infinito.
Sólo el niño se ha vuelto hombre,
y el hombre tanto ha sufrido,
que apenas trae en el alma
la soledad del vacío!

PARÉNTESIS DE NIÑOS

Los niños son la poesía de la vida, alegría e inocencia.

Para ellos, el poeta ejerce exclusiva inspiración que se traduce en canciones de cuna, leyendas de princesas y piratas y fábulas donde los animales y las cosas se hacen amigos de los hombres.

La poesía para niños es la poesía de los niños.

Musical, recorre con su ritmo los caminos, buscando siempre el arcoiris.

CORRIENDO VAN POR LA VEGA

José Zorrilla

Corriendo van por la vega,
a las puertas de Granada,
hasta cuarenta gomeles
y el capitán que los manda.
Al entrar en la ciudad,
parando su yegua blanca,
le dijo éste a una mujer
que entre sus brazos lloraba:
—Enjuga el llanto, cristiana,
no me atormentes así;
que tengo yo, mi sultana,
un nuevo Edén para ti.
Tengo un palacio en Granada,
tengo jardines y flores,
tengo una fuente dorada
con más de cien surtidores.
Y en la venta del Genil
tengo parda fortaleza
que será reina entre mil
cuando encierre tu belleza.
Y sobre toda una orilla
extiendo mi señorío:
ni en Córdoba ni en Sevilla
hay un parque como el mío.
Allí la altiva palmera
y el encendido granado,

junto a la frondosa higuera,
cubren el valle y collado.
Allí el robusto nogal,
allí el nópalo amarillo,
allí el sombrío moral
crecen al pie del castillo.
Y olmos tengo en mi alameda
que hasta el cielo se levantan,
y en redes de plata y seda
tengo pájaros que cantan.
Y tú, mi sultana, eres:
qué, desiertos mis salones,
está mi harén sin mujeres,
mis oídos sin canciones.
Yo te daré terciopelos
y perfumes orientales:
de Grecia te traeré velos,
y de Cachemira chales.
Yo te daré blancas plumas
para que adornes tu frente,
más blancas que las espumas
de nuestros mares de Oriente.
Y perlas para el cabello,
y baños para el calor,
y collares para el cuello,
para los labios... ¡amor!
—¿Qué me valen tus riquezas
—respondióle la cristiana—,
si me quitas a mi padre,
mis amigos y mis damas?
Vuélveme, vuélveme, moro,
a mi padre y a mi patria,
que mis torres de León
valen más que tu Granada.—

Escuchóla en paz el moro,
y, manoseando su barba
dijo, como quien medita,
en la mejilla una lágrima:
—Si tus castillos mejores
que nuestros jardines son,
y son más bellas tus flores,
por ser tuyas, en León,
y tú diste tus amores
a alguno de tus guerreros,
hurí del Edén, no llores:
vete con tus caballeros.—
Y dándole su caballo
y la mitad de su guardía,
el capitán de los moros
volvió en silencio la espalda.

LA RUECA

Francisco Villaespesa

La virgen hilaba,
la dueña dormía;
la rueca giraba
loca de alegría.
Cordero divino,
tus blancos vellones
no igualan al hilo
de mis ilusiones.
Gira, rueca mía,
gira, gira al viento.
Que se acerca el día
de mi casamiento.
Gira, que mañana,
cuando el alba cante
la clara campana,
llegará mi amante.
Hila con cuidado
mi velo de nieve,
que vendrá el amado
que al altar me lleve.
Se acerca. Lo siento
cruzar la llanura;
me trae la ternura
de su voz el viento.
Gira, gira, gira,
gira, rueca loca;

mi amado suspira
por besar mi boca.
Cordero divino,
tus blancos vellones
no igualan al lino
de mis ilusiones.
La niña cantaba,
la dueña dormía;
la luz se apagaba,
y solo se oía
la voz crepitante
de la leña seca,
y el loco y constante
girar de la rueca.

LOS MADEROS DE SAN JUAN

José Asunción Silva

... Y aserrín,
aserrán,
los maderos
de San Juan
piden queso
piden pan;
los de Roque,
alfandoque;
los de Rique
alfeñique;
los de Trique,
triquitrán.
¡Triqui, triqui, triqui, trán
¡Triqui, triqui, triqui, trán!...

Y en las rodillas firmes y duras de la abuela,
con movimiento rítmico se balancea el niño,
y entrambos agitados y trémulos están...
La abuela se sonríe con maternal cariño,
mas cruza por su espíritu como un temor extraño
y por lo que en el futuro, de angustia y desengaño,
los días ignorados del nieto guardarán...

Los maderos
de San Juan
piden queso
piden pan
¡triqui, triqui, triqui, trán!

¡Esas arrugas hondas recuerdan una historia
de largos sufrimientos y silenciosa angustia!,
y sus cabellos blancos como la nieve están;
de un gran dolor el sello marcó la fente mustia,
y con sus ojos turbios espejos empañaron
los años y que ha tiempo las formas reflejaron
de seres y de cosas que nunca volverán...

       Los de Roque
       alfandoque,
       ¡triqui, triqui, triqui, trán!

Mañana, cuando duerma la abuela, yerta y muda,
lejos del mundo vivo, bajo la oscura tierra, ·
donde otros, en la sombra desde hace tiempo están,
del nieto a la memoria, con grave voz que encierra
todo el poema tristre de la remota infancia,
pasando por la sombra del tiempo y la distancia,
de aquella voz querida las notas volverán...

       Los de Rique
       alfeñique,
       ¡triqui, triqui, triqui, trán!

En tanto, en las rodillas cansadas de la abuela,
con movimiento rítmico se balancea el niño,
y entrambos agitados y trémulos están...
La abuela se sonríe con maternal cariño,
mas cruza por su espíritu como un temor extraño
por lo que en el futuro, de angustia y desengaño,
los días ignorados del nieto guardarán.

       ...Los maderos
       de San Juan
       piden queso

piden pan;
los de Roque,
alfandoque
los de Rique
alfeñique,
los de Trique,
triquitrán.
¡Triqui, triqui, triqui, trán!

PARA DORMIR A UN NEGRITO

Emilio Ballagas

Drómiti, mi nengre,
drómiti, ningrito.
Caimito y merengue,
merengue y caimito.
Drómiti, mi nengre,
mi nengre bonito.
¡Diente de merengue,
bemba de caimito!
Cuando tú sia glandi,
va a se bosiador...
Nengre de mi vida,
nengre de mi amor...
(Mi chiviricoquí,
chiviricocó...
¡Yo gualdo pa ti
tajá de melón!)
Si no calla bemba
y no limpia moco,
le va' abrí la puetta
a Vicente e' loco.
Si no calla bemba,
te va' da e' gran sustto.
Te va' a llevá e' loco
dentro su macuto.
Ne la mata' e guira
te ñama sijú.

Condió en al puetta
etá e' tatjú.
Drómiti, mi nengre,
cara e' bosiador,
nengre de mi vida,
nengre de mi amor.
Mi chiviricocó,
chiviricoquito.
Caimito y merengue,
merengue y caimito.
A'ora yo te acuetta
'la maca e apaito
y te mese suave...
Du'ce... depasito...
y mata la pugga
y epanta moquito
pa que due'ma bien
mi nengre bonito.

LA TOS DE LA MUÑECA

Germán Berdiales

Como mi linda muñeca
tiene un poquito de tos,
yo, que en seguida me aflijo,
hice llamar al doctor.

Serio y callado a la enferma
largo tiempo examinó,
ya poniéndole el termómetro,
ya mirando su reloj.

La muñeca estaba pálida,
yo temblaba de moción,
y, al fin, el médico dijo,
bajando mucho la voz:

Esta tos sólo se cura
con un caramelo o dos.

MARINERO

Héctor Pedro Blomberg

—¿De dónde vienes, marinero?
—Del mar, del mar...
De los remotos horizontes
y de la azul inmensidad.
—¿Dónde estuviste, marinero?
—Lejos, muy lejos... Más allá
de las riberas y los soles,
de las espumas y del mar.
—¿A quién amaste, marinero?
—A cien mujeres, capitán:
A las mulatas en La Habana.
Las bayaderas en Bombay.
Amé las geishas en Tokio
y negras Evas en Dakar.
Rubias inglesas junto al Támesis,
y una princesa en el Ceylán.
Labios ardientes me besaron
en cada puerto, en cada mar.
Las cien mujeres que me amaron
ya me olvidaron, capitán...
—¿A dónde partes, marinero?
—Al mar, al mar...
Hasta que un día me amortajen
y ya no vuelva más.
Sobre mis sueños las mareas
rodarán, cantarán...

SONATINA

Rubén Darío

La princesa está triste..., ¿qué tendrá la princesa?
Los suspiros se escapan de su boca de fresa,
que ha perdido la risa, que ha perdido el color.
La princesa está pálida en su silla de oro.
Está mudo el teclado de su clave sonoro;
y en un vaso, olvidada, se desmaya una flor.

El jardín puebla el triunfo de los pavos reales.
Parlanchina, la dueña dice cosas banales,
y, vestido de rojo, piruetea un bufón.
La princesa no ríe, la princesa no siente;
la princesa persigue por el cielo de Oriente
la libélula vaga de una vaga ilusión.

¿Piensa acaso en el príncipe de Golconda o de China,
o en el que ha detenido su carroza argentina
para ver de sus ojos la dulzura de luz?
¿o en el rey de las islas de las rosas fragantes,
o en el que es soberano de los claros diamantes,
o en el dueño orgulloso de las perlas de Ormuz?

¡Ay!, la pobre princesa de la boca rosa
quiere ser golondrina, quiere ser mariposa,
tener alas ligeras, bajo el cielo volar,
ir al sol por la escala luminosa de un rayo,
saludar a los lirios con los versos de mayo,
o perderse en el viento sobre el trueno del mar.

Ya no quiere el palacio, ni la rueca de plata,
ni el halcón encantado, ni el bufón escarlata,
ni los cisnes unánimes en el lago de azur.
Y están tristes las flores por la flor de la corte:
los jazmines de Oriente, los nelumbos del Norte,
de Occidente las dalias y las rosas del Sur.

¡Pobrecita princesa de los ojos azules!
Está presa en sus oros, está presa en sus tules,
en la jaula de mármol del palacio real;
el palacio soberbio que vigilan los guardas,
que custodian cien negros con sus cien alabardas,
un lebrel que no duerme y un dragón colosal.

¡Oh, quien fuera hipsipila que dejó la crisálida!
(La princesa está triste. La princesa está pálida.)
¡Oh visión adorada de oro, rosa y marfil!
¡Quién volara a la tierra donde un príncipe existe
(La princesa está pálida. La princesa está triste.)
más brillante que el alba, más hermoso que abril!

Calla, calla, princesa —dice el hada madrina—:
en caballo con alas, hacia aquí se encamina,
en el cinto la espada y en la mano el azor,
el feliz caballero que te adora sin verte,
y que llega de lejos, vencedor de la Muerte,
a encenderte los labios con su beso de amor.

CANCIÓN DEL PIRATA

José de Espronceda

Con diez cañones por banda,
Viento en popa a toda vela,
No corta el mar, sino vuela
Un velero bergantín:
Bejel pirata que llaman,
Por su bravura, el Temido,
En todo mar conocido
Del uno al otro confín.
La luna en el mar riela,
En la lona gime el viento,
Y alza en blando movimiento
Olas de plata y azul;
Y va el capitán pirata,
Cantando alegre en la popa,
Asia un lado, al otro Europa,
y allá, a su frente, Estambul:
"Navega, velero mío,
Sin temor;
Que ni enemigo navío,
Ni tormenta, ni bonanza
Tu rumbo a torcer alcanza,
Ni a sujetar tu valor.
"Veinte presas
Hemos hecho
A despecho
Del inglés,
Y han rendido
Sus pendones

Cien naciones
A mis pies".
Que es mi barco mi tesoro
Que es mi Dios la libertad,
Mi ley la fuerza y el viento
Mi única patria el mar.
"Allá muevan feroz guerra
Ciegos reyes
Por un palmo más de tierra:
Que yo tengo aquí por mío
Cuanto abarca el mar bravío,
A quien nadie impuso leyes.
"Y no hay playa,
Sea cualquiera,
Ni bandera
De esplendor,
Que no sienta
Mi derecho,
Y dé pecho
A mi valor".
Que es mi barco mi tesoro...
A la voz de '¡barco viene!'
Es de ver
Cómo vira y se previene
A todo trapo a escapar;
Que yo soy el rey del mar,
Y mi furia es de temer.
"En las presas
Yo divido
Lo cogido
Por igual:
Sólo quiero
Por riqueza
La belleza
Sin rival".

Que es mi barco mi tesoro...
"¡Sentenciado estoy a muerte!
Yo me río:
No me abandone la suerte
Y al mismo que me condena,
Colgaré de alguna antena,
Quizá en su propio navío.
"Y si caigo,
¿Qué es la vida?
Por perdida
Ya la di,
Cuando el yugo
Del esclavo,
Como un bravo
Sacudí".
Que es mi barco mi tesoro...
"Son mi música mejor
Aquilones:
El estrépito temblor
De los cables sacudidos,
Del negro mar los bramidos
Y el rugir de mis cañones.
"Y del trueno
Al sol violento
Y del viento
Al rebramar,
Yo me duermo
Sosegado,
Arrullado
Por el mar.
Que es mi barco mi tesoro,
Que es mi Dios la libertad,
Mi ley la fuerza y el viento,
Mi única patria el mar".

PRECIOSA Y EL AIRE

Federico García Lorca

Su luna de pergamino
Preciosa tocando viene,
por un anfibio sendero
de cristales y laureles.
El silencio sin estrellas,
huyendo del sonsonete,
cae donde el mar bate y canta
su noche llena de peces.
En los picos de la sierra
los carabineros duermen,
guardando las blancas torres
donde viven los ingleses.
Y los gitanos del agua
levantan por distraerse
glorietas de caracolas
y ramas de pino verde.
Su luna de pergamino
Preciosa tocando viene.
Al verla se ha levantado
el viento que nunca duerme.
San Cristóbal desnudo,
lleno de lenguas celestes,
mira a la niña tocando
una dulce gaita ausente.
—Niña, deja que levante
tu vestido para verte.

Abre en mis dedos antiguos
la rosa azul de tu vientre.
Preciosa tira el pandero
y corre sin detenerse.
El viento-hombrón la persigue
con una espada caliente.
Frunce su rumor el mar.
Los olivos palidecen.
Cantan las flautas de umbría
y el liso gong de la nieve.
¡Preciosa, corre, Preciosa,
que te coge el viento verde!
¡Preciosa, corre, Preciosa!
¡Míralo por dónde viene!
Sátiro de estrellas bajas
con sus lenguas relucientes.
Preciosa, llena de miedo,
entra en la casa que tiene,
más arriba de los pinos,
el cónsul de los ingleses.
Asustados por los gritos
tres carabineros vienen,
sus negras capas ceñidas
y los gorros en las sienes.
El inglés da a la gitana
un vaso de tibia leche
y una copa de ginebra,
que Preciosa no se bebe.
Y mientras cuenta, llorando,
su aventura a aquella gente,
en las tejas de pizarra
el viento, furioso, muerde.

PAISAJES

El poeta es pintor y su pincel ordena el mundo
hasta hacerlo a imagen y semejanza de los sueños.

Como en un cuadro, la poesía reconstruye los
bosques y los ríos, las aldeas, los mares, las
campanas del pasado.

Voz que se hizo imagen.

EL IDILIO DE LOS VOLCANES

José Santos Chocano

El Iztaccíhuatl traza la figura yacente
de una mujer dormida bajo el Sol.
El Popocatépetl flamea en los siglos
como una apocalíptica visión;
y estos dos volcanes solemnes
tienen una historia de amor
digna de ser cantada en las complicaciones
de una extraordinaria canción.
Iztaccíhuatl —hace ya miles de años—
fue la princesa más parecida a una flor,
que en la tribu de los viejos caciques
del más gentil capitán se enamoró.
El padre augustamente abrió los labios
del cacique enemigo clavado en su lanzón,
y díjole al capitán seductor
que si tornaba un día con la cabeza
el festín de su triunfo y el lecho de su amor,
encontraría preparados, a un tiempo mismo,
Y Popocatépetl fuése a la guerra
con esta esperanza en el corazón:
domó las rebeldías de las selvas obstinadas,
el motín de los riscos contra su paso vencedor,
la osadía despeñada de los torrentes,
la acechanza de los pantanos en traición;
y contra cientos de cientos de soldados,
por años de años gallardamente combatió.

Al fin tornó a la tribu, y la cabeza
del cacique enemigo sangraba en su lanzón.
Halló el festín del triunfo preparado,
pero no así el lecho de su amor;
en vez del lecho encontró el túmulo
en que su novia, dormida bajo el Sol,
esperaba en su frente el beso póstumo
de la boca que nunca en vida la besó.
Y Popocatépetl quebró en sus rodillas
el haz de flechas; y, en una sola voz,
conjuró las sombras de sus antepasados
contra las crueldades de su impasible Dios.
Era la vida suya, muy suya,
porque contra la muerte la ganó:
tenía el triunfo, la riqueza, el poderío,
pero no tenía el amor...
Entonces hizo que veinte mil esclavos
alzaran un gran túmulo ante el Sol:
amontonó diez cumbres
en una escalinata como alucinación;
tomó en sus brazos a la mujer amada,
y él mismo sobre el túmulo la colocó;
luego, encendió una antorcha, y, para siempre
quedóse en pie alumbrando el sarcófago de su dolor.
Duerme en paz, Iztaccíhuatl: nunca los tiempos
borrarán los perfiles de tu casta expresión.
Vela en paz, Popocatépetl: nunca los huracanes
apagarán tu antorcha, eterna como el amor...

ESTROFAS A UNA ESTATUA

Eugenio Florit

Monumento ceñido
de un tiempo tan lejano de tu muerte.
Así te estás inmóvil a la orilla
de este sol que se fuga en mariposas.
Tú, estatua blanca, rosa de alabastro,
naciste para estar pura en la tierra
con un dosel de ramas olorosas
y la pupila ciega bajo el cielo.
No has de sentir cómo la luz se muere
sino por el color que en ti resbala
y el frío que se prende a tus rodillas
húmedas del silencio de la tarde.
Cuando en piedra moría la sonrisa
quebró sus alas la dorada abeja
y en el espacio eterno lleva el alma
con recuerdo de mieles y de bocas.
Ya tu perfecta geometría sabe
que es vano el aire y tímido el rocío;
y cómo viene el mar sobre esa arena
con el eco de tantos caracoles.
Beso de estrella, luz para tu frente
desnuda de memorias y de lágrimas;
qué superficie de alabastro
donde ya no se sueña.
Por la rama caída hasta tus hombros
bajó el canto de un pájaro a besarte.
Qué serena ilusión tienes, estatua,
de eternidad bajo la clara noche.

LA HIGUERA

Juana de Ibarbourou

Porque es áspera y fea,
porque todas sus ramas son grises,
yo le tengo piedad a la higuera.
En mi quinta hay cien árboles bellos:
ciruelos redondos,
limoneros rectos
y naranjos de brotes lustrosos.
En las primaveras,
todos ellos se cubren de flores
en torno a la higuera.
Y la pobre parece tan triste
con sus gajos torcidos, que nunca
de apretados capullos se viste...
Por eso,
cada vez que yo paso a su lado
digo, procurando
hacer dulce y alegre mi acento:
—Es la higuera el más bello
de los árboles todos del huerto.
Si ella escucha,
si comprende el idioma en que hablo,
¡qué dulzura tan honda dará nido
en su alma sensible de árbol!
Y tal vez, a la noche,
cuando el viento abanique su copa,
embriagada de gozo le cuente:
—¡Hoy a mí me dijeron hermosa!

PRIMAVERA AMARILLA

Juan Ramón Jiménez

Abril venía, lleno
todo de flores amarillas:
amarillo el arroyo,
amarillo el vallado, la colina,
el cementerio de los niños,
el huerto aquel donde el amor vivía.

El sol ungía de amarillo el mundo
con sus luces caídas;
¡ay, por los lirios áureos,
el agua de oro, tibia;
las amarillas mariposas,
sobre las rosas amarillas!

Guirnaldas amarillas escalaban
los árboles;
el día era una gracia perfumada de oro,
en un dorado despertar de vida.

Entre los huesos de los muertos,
abría Dios sus manos amarillas.

EL SÁBADO EN LA ALDEA

Giácomo Leopardi

La zagala regresa de los campos
con su carga de hierba
al descender el sol, y en una mano
lleva un ramo de rosas y violetas,
con las cuales propónese
el domingo adornar su cabellera.
Con las vecinas siéntase
en el portal a hilar la viejezuela
a la luz gris con que se acaba el día,
y charla y charla de sus buenos tiempos
cuando en todas las fiestas se adornaba,
y aún sana y aún ligera,
por la noche a bailar iba con todos
los compañeros de su edad más bella.
El aire ya se azula,
tórnase oscuro el cielo y densas sombras
caen de las colinas y tejados
al blanquear de la reciente luna.
Se escucha la campana,
anuncio de la fiesta,
y a aquel son se diría
que el corazón se calma y se conforta.
Los chicuelos en coro
corriendo en la plazuela
dan una nota alegre y rumorosa,
en tanto vuelve a su mesita parca,

el labrador dichoso,
pensando en el descanso que le aguarda.
Luego, cuando en derredor no hay otra luz
y es la hora del reposo, oye a lo lejos
el martillo y la sierra
del viejo carpintero
que en su tienda cerrada
y a la mezquina luz de una linterna,
se apresura afanado
a terminar su obra antes del alba.
De la semana toda es este día
más lleno de esperanza y de alegría.
Mañana, la tristeza, el descontento
vendrán de nuevo y al usual trabajo
cada uno volverá su pensamiento.
Muchachuelo dichoso,
aquesa edad florida
es como un día de alegría lleno;
día claro, sereno,
precursor de la fiesta de la vida.
Goza, goza, muchacho. Estación breve,
feliz, alegre es ésta.
Otras cosas me callo; mas tu fiesta,
que aunque tarde en llegar, te sea leve.

EL CAMPANARIO

Josué Mirlo

El campanario viejo, es monstruo que devora
con sus dientes de bronce la carne pecadora
de los rojos crepúsculos, que hicieron de las linfas
un lecho cristalino para violar las ninfas,
que por las tardes juegan "al burro" con el mar.

Después, el campanario, es un fauno doliente
que desnuda a las noches y las besa en la frente...
y en sus cuerpos azules desgrana las caricias
de su impotencia loca, como tardas primicias
de su salvaje instinto de sátiro juglar!

EL MAR

Alfredo Marquerie

El mar es una rueda de senderos
donde gira un albur de travesías
—ruleta de ensenadas y bahías
con premios de vapores y veleros—.
La playa, rubio pan de los bañeros:
las olas, mudos valses de otros días;
la marea, un hervor de sinfonías;
el puerto, una diana de remeros.
Bastidores de diques y carenas
ahogadas en espumas y en arenas
con áncoras, bitácoras, timones.
Pintado en mascarón de galeones
un parto de tritones y sirenas,
un sueño de sirenas y tritones.

EL PAPALOAPAN

Joaquín Arcadio Pagaza

Escucho aún tu plácida quejumbre,
gigante río... ¡Límpida guirnalda
tu sien orne, y del médano la falda
ciñas con aparente mansedumbre!
Del sol hermoso la divina lumbre
retrátese en tu linfa de esmeralda;
y en ti se vea, tinta de oro y gualda
del Citlatépetl la nevada cumbre.
De tus riberas el papagayo rico
la paloma ostente en nido de verdura,
del tordo herida por el rojo pico;
y mézanse tus palmas en la altura
blandamente, agitando el abanico
que al dulce Tlacotalpan de frescura.

ERES ÁRBOL LO MISMO

José E. Peire

Banco escolar, escucha
esto que te decimos:
Eres árbol como antes;
no cambió tu destino.
Hoy, tu forma de nube,
tiene forma de nido
y, en las horas de clase,
tienes... tu pajarito.

¡Qué te importa el aspecto
si eres árbol lo mismo!
Perdiste tu follaje,
tu flor y tu rocío,
mas, por contagio, ahora
tienes alma de niño:
ganaste en travesuras
y en sonrisas y en libros.
¡Cambiaste de follaje,
de flor y de rocío!

¡Eres el mismo siempre!
¡No cambió tu destino!

DE LA PATRIA, LA HISTORIA Y LOS HÉROES

Verbo que se enciende ante el recuento de los hechos heroicos, con la bandera que flamea altiva, las tradiciones y los individuos que dejaron su nombre en la historia.

La patria, territorio geográfico y humano, "dulce por fuera" y "amarga por dentro" a veces, nunca abandona la inspiración de los poetas. Forma parte de ella y sabe estimularla.

Es poesía de la sangre, de las raíces.

AL VIENTO

Vicente Riva Palacio

Cuando era niño, con pavor te oía
en las puertas gemir de mi aposento:
doloroso, tristísimo lamento
de misteriosos seres te creía.
Cuando era joven, tu rumor decía
frases que adivinó mi pensamiento;
y cruzando después el campamento,
"Patria", tu ronca voz me repetía.
Hoy te siento azotando, en las oscuras
noches, de mi prisión las fuertes rejas;
pero hanme dicho ya mis desventuras
que eres viento, no más, cuando te quejas,
eres viento si ruges o murmuras,
viento si llegas, viento si te alejas.

A LA PATRIA

Manuel Acuña

Ante el recuerdo bendito
de aquella noche sagrada
en que la Patria aherrojada
rompió al fin su esclavitud;
ante la dulce memoria
de aquella hora y aquel día,
yo siento que el alma mía
canta algo como un alúd.

Yo siento que brota en flores
el hurto de mi ternura,
que tiembla entre su espesura
la estrofa de una canción;
y al sonoroso y ardiente
murmurar de cada nota,
siento algo grande que brota
dentro de mi corazón.

¡Bendita noche de gloria
que así mi espíritu agitas,
bendita entre las benditas,
noche de la libertad!
Hora de triunfo en que el pueblo,
al sol de la independencia,
dejó libre la conciencia
rompiendo la oscuridad.

Yo te amo... y al acercarme
ante este altar de victoria
donde la patria y la historia
contemplan nuestro placer;
yo vengo a unir al tributo
que en darte el pueblo se afana
mi canto de mexicana,
mi corazón de mujer.

CUAUHTÉMOC

José Santos Chocano

Solemnemente triste fue Cuauhtémoc. Un día
un grupo de hombres blancos se abalanzó hasta él
y mientras que el imperio de tal se sorprendía
el arcabuz llenaba de huecos al broquel.

Preso quedó, y el indio, que nunca sonreía,
una sonrisa tuvo que se deshizo en hiel,
—¿En dónde está el tesoro? —clamó la vocería;
y respondió un silencio más grande que el tropel...

Llegó el tormento... y alguien de la imperial nobleza
quejóse. El héroe díjole, irguiendo la cabeza:
—¡Mi lecho no es de rosas! —y se volvió a callar.

En tanto, al retostarle los pies, chirriaba el fuego
que se agitaba a modo de balbuciente ruego,
¡porque se hacía lenguas como queriendo hablar!

SUAVE PATRIA

Ramón López Velarde

Proemio

Yo que sólo canté a la exquisita
partitura el íntimo decoro,
alzo hoy la voz a la mitad del foro
a la manera del tenor que imita
la gutural modulación del bajo,
para cortar a la epopeya un gajo.

Navegaré por la olas civiles
con remos que no pesan, porque van
como los brazos del correo chuán
que remaba la Mancha con fusiles.

Diré con una épica sordina:
la Patria es impecable y diamantina.

Suave Patria: permite que te envuelva
en la más honda música de selva
con que me modelaste por entero
al golpe cadencioso de las hachas,
entre risas y gritos de muchachas
y pájaros de oficio carpintero.

Primer Acto

Patria: tu superficie es el maíz,
tus minas el palacio del Rey de Oros,
y tu cielo, las garzas en desliz
y el relámpago verde los loros.
El Niño Dios te escrituró un establo
y los veneros de petróleo el diablo.

Sobre tu Capital, cada hora vuela
ojerosa y pintada, en carretela;
y en tu provincia, del reloj en vela
que rondan los palomos colipavos,
las campanadas caen como centavos.
Patria: tu mutilado territorio
se viste de percal y de abalorio.

Suave Patria: tu casa todavía
es tan grande, que el tren va por la vía
como aguinaldo de juguetería.

Y en el barullo de las estaciones,
con tu mirada de mestiza, pones
la inmensidad sobre los corazones.

¿Quién, en la noche que asusta a la rana,
no miró, antes de saber del vicio,
del brazo de su novia, la galana
pólvora de los fuegos de artificio?

Suave Patria: en tu tórrido festín
luces policromías de delfín,

Y con tu pelo rubio se desposa
el alma, equilibrista chuparrosa,
y a tus dos trenzas de tabaco, sabe
ofrendar aguamiel toda mi briosa
raza de bailadores de jarabe.

Tu barro suena a plata, y en tu puño
su sonora miseria es alcancía,
y por las madrugadas del terruño,
en calles como espejos, se vacía
el santo olor de la panadería.

Cuando nacemos, nos regalan notas;
después, un paraíso de compotas,
y luego te regalas toda entera,
Suave Patria, alazana y pajarera

Al triste y al feliz dices que sí,
que en tu lengua de amor prueben de ti
la picadura del ajonjolí.

¡Y tu cielo nupcial, que cuando truena
de deleites frenéticos nos llena!

Trueno de nuestras nubes, que nos baña
de locura, enloquece a la montaña,
requiebra a la mujer, sana al lunático,
incorpora a los muertos, pide el viático,
y al fin derrumba las madererías
de Dios, sobre las tierras labrantías.

Trueno del temporal; oigo en tus quejas
crujir los esqueletos en parejas;
oigo lo que se fue, lo que aún no toco,
y la hora actual con su vientre de coco.
Y oigo en el brinco de tu ida y venida,
¡Oh trueno!, la ruleta de mi vida.

Intermedio

CUAUHTÉMOC

Joven abuelo: escúchame loarte,
único héroe a la altura del arte.

Anacrónicamente, absurdamente,
a tu nopal inclínase el rosal;
al dioma del blanco, tú lo imantas
y es surtidor de católica fuente
que de responsos llena el victorial
zócalo de ceniza de tus plantas.

No como a César el rubor patricio
te cubre el rostro en medio del suplicio;
tu cabeza desnuda se nos queda,
hemisféricamente, de moneda.

Moneda espiritual en que se fragua
todo lo que sufriste: la piragua
prisionera, el azoro de tus crías,
el sollozar de tus mitologías,
la Malinche, los ídolos a nado,

y por encima, haberte desatado
del pecho curvo de la emperatriz
como del pecho de una codorniz.

Segundo Acto

Suave Patria: tú vales por el río
de las virtudes de tu mujerío.
Tus hijas atraviesan como hadas,
o destilando un invisible alcohol,
vestidas con las redes de tu sol,
cruzan como botellas alambradas.

Suave Patria: te amo no cual mito,
sino por tu verdad de pan bendito,
como a una niña que asoma por la reja
con la blusa currida hasta la oreja
y la falda bajada hasta el huesito.

Inaccesible al deshonor, floreces:
creeré en ti mientras una mexicana
en su tápalo lleve los dobleces
de la tienda, a las seis de la mañana,
y al estrenar su lujo, quede lleno
el país, del aroma del estreno.

Como la sota moza, Patria mía,
en piso de metal, vives al día,
de milagro, como la lotería.

Tu imagen, el Palacio Nacional,
con tu misma grandeza y con tu igual
estatura de niño y de dedal.

Te dará, frente al hambre y al obús,
un hijo San Felipe de Jesús.

Suave Patria, vendedora de chía;
quiero raptarte en la cuaresma opaca,
sobre un garañón, y con matraca,
y entre los tiros de la policía.

Tus entrañas no niegan un asilo
para el ave que el párvulo sepulta
en una caja de carretes de hilo,
y nuestra juventud, llorando, oculta
dentro de ti, el cadáver hecho poma
de aves que hablan nuestro mismo idioma.

Si me ahogo en tus julios, a mi baja
desde el vergel de tu peinado denso
frescura de rebozo y de tinaja;
y si tirito, dejas que me arrope
en tu respiración azul de incienso
y en tus carnosos labios de rompope.

Por tu balcón de palmas bendecidas
el Domingo de Ramos, yo desfilo
lleno de sombra, porque tú trepidas.

Quieren morirse tu ánima y tu estilo,
cual muriéndose van las cantadoras
que en las ferias, con el bravío pecho
empitonando la camisa, han hecho
la lujuria y el ritmo de las horas.

Patria, te doy de tu dicha la clave:
sé siempre igual, fiel a tu espejo diario;
cincuenta veces es igual al ave,
taladrada en el hilo del rosario,
y es más feliz que tú, Patria suave.

Sé igual y fiel; pupilas de abandono;
sedienta voz, la trigarante faja
en tus pechugas al vapor, y un trono
a la intemperie, cual una sonaja:
la carreta alegórica de paja.

LEYENDA DE ZAPATA NIÑO

José Muñoz Cota

Cuando los viejos platican
—cuento que el viento llevó—
les gusta hablar de Zapata
que muy niño se anunció.

Cuida el pueblo su leyenda
con alfarero fervor.
La pule, la va puliendo
y la convierte en canción.

Después nos llega el corrido
de ignorado trovador
y así vive entre el pueblo
lo que este pueblo adoró.

Gesta de los hombres fuertes
que dio la Revolución...
Zapata, desde pequeño,
en un corrido vivió.

Nos dice y anda diciendo
algún viejo decidor,
que en Zapata muy temprano
se vido al libertador.

Cerca de Villa de Ayala,
en rancho sin pretensión,
Anenecuilco llamado,
allí Zapata nació.

Jacales de Anenecuilco,
calleja donde creció
su cuerpo de niño serio
y concentrado vigor.

Una leyenda relata
que el futuro presintió;
leyenda que el pueblo quiere
porque el pueblo la forjó.

Siendo un escuincle, nos cuenta,
Emiliano presenció
que a su padre despojaba
la injusticia del patrón.

¿Es que la tierra no es suya?
La que su padre labró;
la que toda su familia
empapa con su sudor.

Zapata mira a su padre
que el trabajo encaneció.
Las manos del viejo tiemblan;
tiembla de rabia la voz.

Zapata mira a su madre,
quien oculta su dolor
tras la garra del rebozo
con que su llanto secó.

228

Zapata, niño, predica
del jornalero la unión
y recuperar la tierra
que la codicia quitó.

—No seas tonto, dijo el padre;
todo lo puede el Señor,
todo lo tienen los amos,
el indio sólo el dolor.

—Entonces, dijo Zapata,
con extraña decisión:
He de ser hombre y la tierra
yo le quitaré al patrón.

LA LIBERTAD

Manuel José Othón

De pie sobre la roca de la Historia,
coronada de ráfagas divinas
y envuelta con las galas peregrinas
que adornan el ropaje de la gloria;

arrojando al abismo la memoria
de esta edad de tinieblas y de espinas,
la veréis levantarse de las ruinas
tremolando el pendón de la victoria.

Ya se van a cumplir las profecías
que cantó en su delirio el pensamiento
presintiendo la aurora soberana.

Se acercan, están próximos los días,
¡y Dios, el mismo Dios, tomará asiento
en el festín de la familia humana!

LA BANDERA

Juan de Dios Peza

Al grave redoblar de los tambores,
marcando el paso con marcial donaire,
la tropa marcha, desplegando al aire
la enseña nacional, de tres colores.

—Mira, madre, prorrumpe un rapazuelo
que ciñe diez abriles por guirnalda,
una perla, un rubí y una esmeralda...
¡Qué engaste más hermoso bajo el cielo!

—¡Calla, niño, no sabes lo que dices!
El verde, el blanco, el rojo se han unido,
para escudar la tierra en que has nacido,
donde libres y en paz, somos felices.

El verde es el laurel de la victoria;
el blanco, el honor limpia azucena;
el rojo es ¡ay! la sangre que en la arena
regó el martirio y consagró la gloria.

¡Es la bandera! ¡Mírala! Confío
en que al seguir su inmaculada huella,
sabrás luchar y sucumbir por ella:
¡Todo tu corazón dale, hijo mío!

16 DE SEPTIEMBRE

Andrés Quintana Roo

Ite, ait; egregias animas, quae
sanguine nobis hanc patriam
peperere suo, decorate supre-
mis muneribus...
                                    V. En L. XI

Renueva, oh musa, el victorioso aliento,
con que fiel de la patria el amor santo,
al fin glorioso de su acerbo llanto
audaz predije en inspirado acento:
cuando más orgulloso
y con mentidos triunfos más ufano,
el íbero sañoso
tanto ¡ay! en la opresión cargó la mano,
que el Anáhuac vencido
contó por siempre a su coyunda uncido.

"Al miserable esclavo (cruel decía)
que independencia ciega apellidando,
de rebelión el pabellón nefando,
alzó una vez en algazara impía,
de nuevo en las cadenas
con más rigor de su cerviz atadas,
aumentemos las penas,
que a su última progenie prolongadas,
en digno cautiverio
por siglos aseguren nuestro imperio."

"¿Qué sirvió en los Dolores vil cortijo
que el aleve pastor al grito diera
de libertad, que dócil repitiera
la insana chusma con afán prolijo?
Su valor inexperto,
de sacrílega audacia estimulado,
a nuestra vista yerto
en el campo quedó y escarmentado,
su criminal caudillo,
rindió ya el cuello al vengador cuchillo".

"Cual al romper las pléyadas lluviosas,
el seno de las nubes encendidas,
del mar las olas antes adormidas
súbito el austro altera tempestuosas;
de la caterva osada
así los restos nuestra voz espanta,
que resuena indignada
y recuerda, si altiva se levanta,
el respeto profundo
que inspiró de Vespuccio al rico mundo."

"¡Ay del que hoy más los sediciosos labios,
de libertad al nombre lisonjero
abriese, pretextando novelero
mentidos males, fútiles agravios!
Del cadalso oprobioso
veloz descenderá a la tumba fría,
y ejemplar provechoso
al rebelde será, que en su porfía
desconociere el yugo
que el invicto español echarle plugo."

Así los hijos de Vandalia ruda
fieros clamaron cuando el héroe augusto
cedió de la fortuna al golpe injusto;
y el brazo fuerte que la empresa escuda
faltando a sus campeones,
del terror y la muerte precedidos,
feroces escuadrones
talan impunes campos florecidos,
y al desierto sombrío
consagran de la paz el nombre pío.

No será, empero, que el benigno cielo,
cómplice fácil de opresión sangrienta,
niegue a la patria en tan cruel tormenta
una tierna mirada de consuelo.
Ante el torno clemente,
sin cesar sube el encendido ruego,
el quejido doliente
de aquel prelado, que inflamado en fuego
de caridad divina
la América indefensa patrocina.

"Padre amoroso, dice, que a tu hechura,
como el don más sublime concediste,
la noble libertad con que quisiste
de tu gloria ensalzarla hasta la altura,
¿no ves a un orbe entero
gemir, privado de excelencia tanta,
bajo el dominio fiero
del execrable pueblo que decanta
asesinando al hombre,
dar honor a tu excelso y dulce nombre?"

"¡Cuánto ¡ay! en su maldad ya se gozara
cuando por permisión inexcrutable,
de tan justo decreto y adorable,
de sangre en la conquista se bañara,
sacrílego arbolando
la enseña de tu cruz en burla impía,
cuando más profanando
su religión con negra hipocresía,
para gloria del cielo
cubrió de excesos el indiano suelo!"

"De entonces su poder, ¡cómo ha pesado
sobre el inerme pueblo! ¡Qué de horrores,
creciendo siempre en crímenes mayores,
el primero a tu vista han aumentado!
La astucia seductora
en auxilio han unido a su violencia:
moral corrompedora
predican con su bárbara insolencia,
y por divinas leyes
proclaman los caprichos de sus reyes."

"Allí se ve con asombroso espanto
cual traición castigando el patriotismo
en delito erigido el heroísmo
que al hombre eleva y engrandece tanto.
¿Qué más? En duda horrenda
se consulta el oráculo sagrado
por saber si la prenda
de la razón al indio se ha otorgado,
y mientras Roma calla,
entre las bestias confundido se halla."

"¿Y que, cuando llegado se creía
de redención el suspirado instante,
permites, justo Dios, que ufano cante
nuevos triunfos de odiosa tiranía?

El adalid primero,
el generoso Hidalgo ha perecido:
el término postrero
ver no le fue de la obra concedido;
mas otros campeones
suscita que rediman las naciones".

Dijo, y Morelos siente enardecido
el noble pecho en belicoso aliento;
la victoria en su enseña toma asiento
y su ejemplo de mil se ve seguido.
La sangre difundida
de los hérores su número recrece,
como tal vez herida
de la segur, la encina reverdece,
y más vigor recibe
y con más pompa y más verdor revive.

Mas ¿quién de la alabanza el premio digno
con títulos supremos arrebata,
y el laurel más glorioso a su sien ata,
guerrero invicto, vencedor benigno?
El que en Iguala dijo:

"¡Libre la patria seal" y fuelo luego
que el estrago prolijo

atajó, y de la guerra el voraz fuego,
y con dulce clemencia
en el trono asentó la Independencia.

¡Himnos sin fin a su indeleble gloria!
Honor eterno a los varones claros
que el camino supieron prepararos,
¡oh Iturbide inmortal!, a la victoria.
Sus nombres antes fueron
cubiertos de luz pura, esplendorosa;
mas nuestros ojos vieron
brillar el tuyo como en la noche hermosa,
entre estrellas sin cuento
a la luna en el alto firmamento.

¡Sombras ilustres, que con cruento riego
de libertad la planta fecundasteis,
y sus frutos dulcísimos legasteis
al suelo patrio, ardiente en sacro fuego!
Recibid hoy benignas,
de su fiel gratitud prendas sinceras
en alabanzas dignas
más que el mármol y el bronce duraderas,
con que vuestra memoria
coloca en el alcázar de la gloria.

CRISTÓBAL COLÓN

Ida Réboli

De Génova en un rincón,
nació Cristóbal Colón.

Teniendo el mar por vecino,
hizo viajes atrevidos.

Se dio cuenta en seguidita
que la tierra es redondita.

Y cuando esto explicaba,
de loco se le trataba.

Quiso hacer el viaje entero,
mas no tenía dinero.

Carabelas le dio España,
para que hiciera una hazaña.

Y encontró este gran marino
a América en el camino.

Tanta envidia le tuvieron,
que cadenas le pusieron.

Pobre, triste, abandonado,
de todos murió olvidado.

YO TAMBIÉN CANTO A AMÉRICA

Langston Hughes

Yo también canto a América.
Yo soy hermano negro.
Me mandan a la cocina
cuando las visitas vienen;
pero yo me río,
como bien
y crezco fuerte.

Mañana
me sentarán a la mesa.
Y cuando las visitas lleguen,
ya nadie osará decirme:
"Vete a la cocina".

Además,
verán que hermoso soy.
Y se arrepentirán.
Yo también soy América.

MI PATRIA ES DULCE POR FUERA

Nicolás Guillén

Mi patria es dulce por fuera,
y muy amarga por dentro;
mi patria es dulce por fuera,
con su verde primavera,
y un sol de hiel en el centro.

¡Qué cielo de azul callado
mira impasible tu duelo!
¡Qué cielo de azul callado,
ay, Cuba, el que Dios te ha dado,
ay, Cuba, el que Dios te ha dado,
con ser tan azul tu cielo!

Un pájaro de madera
me trajo en su pico el canto;
un pájaro de madera.
¡Ay, Cuba, si te dijera,
yo, que te conozco tanto,
ay, Cuba, si te dijera,
que es de sangre tu palmera,
que es de sangre tu palmera,
y que tu mar es de llanto!
Bajo tu risa ligera,
yo, que te conozco tanto,
miro la sangre y el llanto,
bajo tu risa ligera.

Sangre y llanto
bajo tu risa ligera;
sangre y llanto
bajo tu risa ligera.
Sangre y llanto.
El hombre de tierra adentro
está en un hoyo metido,
muerto sin haber nacido,
el hombre de tierra adentro.
Y el hombre de la ciudad,
ay, Cuba, es un pordiosero:
anda hambriento y sin dinero,
pidiendo por caridad,
aunque se ponga sombrero
y baile en la sociedad.
(Lo digo en mi son entero,
porque es la pura verdad).

Hoy yanqui, ayer española,
si, señor,
la tierra que nos tocó,
siempre el pobre la encontró
si hoy yanqui, ayer española,
¡cómo no!
¡Qué sola la tierra sola,
la tierra que nos tocó!

La mano que no se afloja
hay que estrecharla enseguida;
la mano que no se afloja,
china, negra, blanca o roja,
china, negra, blanca o roja,
con nuestra mano tendida.

Un marino americano,
bien,
en el restaurant del puerto,
bien,
un marino americano
me quiso dar con la mano,
me quiso dar con la mano,
pero allí se quedó muerto,
bien,
pero allí se quedó muerto
bien,
el marino americano
que en el restaurant del puerto
me quiso dar con la mano,
¡bien!

"PEQUEÑO CANTO A LA PATRIA"

Otto René Castillo

(Fragmento)

Vamos patria a caminar, yo te acompaño,
yo bajaré los abismos que me digas,
yo beberé tus cálices amargos,
yo me quedaré ciego para que tengas ojos,
yo me quedaré sin voz para que tú cantes,
yo he de morir para que tú no mueras,
para que emerja un rostro flameando al horizonte
de cada flor que nazca de mis huesos.

Tiene que ser así, indiscutiblemente.

Ya me cansé de llevar tus lágrimas conmigo
y ahora quiero caminar contigo, relampagueante,
acompañarte en tu jornada, porque soy un hombre
del pueblo, nacido en octubre para la faz del
mundo.

Patria,
los generales acostumbran orinar tus muros
pero nosotros vamos a lavarte con rocío,
por ello pido que caminemos juntos, siempre
con los campesinos agrarios,
con los obreros sindicales;
¡con el que tenga un corazón para quererte!

Vamos patria a caminar, yo te acompaño,
naveguemos el siglo veinte sin negarlo,
yo te doy mi brazo impersonal, mi corazón
manzana,
mi frente que crece sobre la faz del trigo.
Alguien dará la mano abismo del albañil aéreo
y el pie cuadrado del arcilloso peón,
el pecho mineral del hombre de las minas,
y el grito final del ferroviario muerto,
alguien será la cordillera popular que se levante
para revisar la historia del hombre sin dolor
que llena de olor la vida de los hombres.

Vamos patria a caminar, yo te acompaño.

CONSEJOS

Sin aspavientos, sin estridencias, el poeta aconseja, recomienda, sugiere, orienta o enseña.

Es buen maestro porque no tiene pretensiones ni espera que lo escuchen.

Simplemente, después de hablar, hace una pausa y se retira.

Es que la poesía es el principio de la filosofía.

ARGUYE DE INCONSECUENTES A LOS HOMBRES

Sor Juana Inés de la Cruz

Hombres necios que acusáis
a la mujer sin razón,
sin ver que sois la ocasión
de lo mismo que culpáis:
si con ansia sin igual
solicitáis su desdén,
¿por qué queréis que obren bien
si las incitáis al mal?
Combatís su resistencia
y luego, con gravedad,
decís que fue liviandad
lo que hizo la diligencia.
Queréis, con presunción necia,
hallar a la que buscáis,
para pretendida, Thais,
y en la posesión Lucrecia.
¿Qué humor puede ser más raro
que el que, falto de consejo,
él mismo empaña el espejo,
y siente que no está claro?
Con el favor y el desdén
tenéis condición igual,
quejándoos, si os tratan mal,
burlándoos, si os quieren bien.
Opinión, ninguna gana;
pues la que más se recata,

si no os admite, es ingrata,
y si os admite, es liviana.
Siempre tan necios andáis
que, con desigual nivel,
a una culpáis por cruel
y a otra por fácil culpáis.
¿Pues cómo ha de estar templada
la que vuestro amor pretende;
si la que es ingrata, ofende,
y la que es fácil, enfada?
Mas, entre el enfado y pena
que vuestro gusto refiere,
bien haya la que no os quiere
y quejaos en hora buena.
Dan vuestras amantes penas
a sus libertades alas,
y después de hacerlas malas
las queréis hallar muy buenas.
¿Cuál mayor culpa ha tenido
en una pasión errada:
la que cae de rogada,
o el que ruega de caído?
¿O cuál es más de culpar,
aunque cualquiera mal haga:
la que peca por la paga,
o el que paga por pecar?
Pues ¿para qué os espantáis
de la culpa que tenéis?
Queredlas cual las hacéis
o hacedlas cual las buscáis.
Dejad de solicitar,
y después, con más razón,
acusaréis la afición
de la que os fuere a rogar.

Bien con muchas armas fundo
que lidia vuestra arrogancia,
pues en promesa e instancia
juntáis diablo, carne y mundo.

EL VENENO Y EL ANTÍDOTO

Omar Khayyam

De este viejo Khayam oye el consejo:
Busca siempre del sabio la amistad;
De los que viven en la honestidad
Sea la vida para ti un espejo.

Que la distancia de la tierra al cielo
Te aleje del estulto e ignorante,
Y la luz de tu fe vaya delante
Para alumbrar las rutas de tu vuelo.

Si un hombre de saber te da un veneno,
Bebe sin vacilar el vaso lleno;
Del tonto, aunque el antídoto te ofrezca,
Vuelca la copa, aunque todo perezca.

LO FUGITIVO Y LO ETERNO

Omar Khayyam

Si quisieras escucharme
Te podría aconsejar:
Sabes que la ciencia mía
Es de verdad.

Mira, no vale la pena
De revestir el talar
Manto de la hipocresía,
Que es falsedad.

Ve que no tiene comienzo
Ni fin la inmortalidad:
No vendas por un instante
Tu eternidad.

SI

Rudyard Kipling
(Traducción de Efrén
Rebolledo)

Si puedes estar firme cuando en tu derredor
todo el mundo se ofusca y tacha tu entereza;
si cuando dudan todos, fías en tu valor
y al mismo tiempo sabes excusar su flaqueza;
si puedes esperar y a tu afán poner brida,
o blanco de mentiras esgrimir la verdad,
o siendo odiado, al odio no dejarle cabida,
y ni ensalzas tu juicio ni ostentas tu bondad;
si sueñas, pero el sueño no se vuelve tu rey;
si piensas y el pensar no mengua tus ardores;
si el Triunfo y el Desastre no te imponen su ley
y los tratas lo mismo, como a dos impostores;
si puedes soportar que tu frase sincera
sea trampa de necios en boca de malvados,
o mirar hecha trizas tu adorada quimera
y tornar a forjarla con útiles mellados;
si todas tus ganancias poniendo en un montón
las arriesgas osado en un golpe de azar,
y las pierdes, y luego con bravo corazón,
sin hablar de tus pérdidas, vuelves a comenzar;
si puedes mantener en la ruda pelea
alerta el pensamiento y el músculo tirante
para emplearlos cuando en ti todo flaquea
menos la voluntad, que te dice: "¡Adelante!";
si entre la turba das a la virtud abrigo;

si marchando con reyes, del orgullo has triunfado;
si no pueden herirte ni amigo ni enemigo;
si eres bueno con todos, pero no demasiado,
y si puedes llenar los preciosos minutos
con sesenta segundos de combate bravío...,
¡tuya es la Tierra y todos sus codiciados frutos,
y lo que más importa, serás Hombre, hijo mío!

MARTÍN FIERRO

(Fragmento)

Aquí me pongo a cantar
Al compás de la vigüela,
Que el hombre que lo desvela
una pena extraordinaria,
Como la ave solitaria
Con el cantar se consuela.

Pido a los Santos del Cielo
Que ayuden mi pensamiento
Les pido en este momento
Que voy a contar mi historia
Me refresquen la memoria
Y aclaren mi entendimiento.

Vengan Santos milagrosos,
Vengan todos en mi ayuda,
Que la lengua se me añuda
Y se me turba la vista;
Pido a mi Dios que me asista
En una ocasión tan ruda.

Yo he visto muchos cantores,
Con famas bien otenidas,
Y que después de alquiridas
No las quieren sustentar:
Parece que sin largar
Se cansaron en partidas.

Mas ande otro criollo pasa
Martín Fierro ha de pasar
Nada lo hace recular
Ni los fantasmas lo espantan;
Y dende que todos cantan
Yo también quiero cantar.

Cantando me he de morir,
Cantando me han de enterrar,
Y cantando he de llegar
Al pie del Eterno Padre
Dende el vientre de mi madre
Vine a este mundo a cantar.

¡AVANTI!

Almafuerte
(Pedro B.
Palacios)

Si te postran diez veces, te levantas
Otras diez, otras cien, otras quinientas...
no han de ser tus caídas tan violentas
ni tampoco por ley han de ser tantas.

Con el hambre genial con que las plantas
asimilan el humus avarientas,
deglutiendo el rencor de las afrentas
se formaron los santos y las santas.

Obsesión casi asnal, para ser fuerte,
nada más necesita la criatura,
y en cualquier infeliz se me figura
que se rompen las garras de la suerte...
¡Todos los incurables tienen cura
cinco segundos antes de la muerte!

IBA POR UN SENDERO DE HIERBAS

Iba por un sendero de altas hierbas
cuando escuché una voz:
—"¿No me conoces?"
Me volví, contemplé aquella visión
y dije:
"—No me acuerdo de tu nombre".
—"Yo soy aquel primer dolor, tan grande
que allá en la juventud, llenó tu espíritu".
Sus ojos parecían
una aurora luciente de rocío.
"—¿Se agotó ya el tesoro de tus lágrimas?",
pregunté. Una sonrisa
fue su respuesta. Entonces comprendí que su llanto
sabía ya el lenguaje de la vida.
"—Una vez me dijiste que amarías
tu pena para siempre", murmuró.
"—Sí; pero el tiempo ha huido. He olvidado
todo" —repuse yo.
Tomé su mano y agregué:
"—También tú has cambiado, ¿verdad?"
Y así fue su respuesta:
"—Lo que un día era dolor, ahora es paz".

EL VASO ROTO

Sully Prudhomme
(Traducción de Eduardo de
la Barra)

Ese vaso en que mueren las verbenas
a un golpe de abanico se trizó;
debió el golpe sutil rozarlo apenas,
pues ni el más leve ruido se sintió.
Mas, aquella ligera trizadura,
cundiendo día a día fue fatal;
su marcha imperceptible fue segura
y lentamente circundó el cristal.
Por allí filtró el agua gota a gota
y las flores sin jugo mueren ya;
nadie el daño impalpable..., nadie nota
¡Por Dios, no lo toquéis que roto está!
Así suele la mano más querida
con leve toque el corazón trizar,
y el corazón se parte..., y ya perdida
ve la verbena de su amor pasar.
Júzgalo intacto el mundo, y él, en tanto,
la herida fina y honda que no veis,
siente que cunde destilando llanto.
¡Por Dios que roto está, no lo toquéis!

LO FATAL

Rubén Darío

Dichoso el árbol que es apenas sensitivo,
y más la piedra dura, porque esa ya no siente,
pues no hay dolor más grande que el dolor de ser vivo,
ni mayor pesadumbre que la vida consciente.

¡Ser y no saber nada, y ser sin rumbo cierto,
y el temor de haber sido y un futuro terror...
y el espanto seguro de estar mañana muerto,
y sufrir por la vida, y por la sombra y por

lo que no conocemos y apenas sospechamos,
y la carne que tienta con sus frescos racimos,
y la tumba que aguarda con sus fúnebres ramos,
y no saber adónde vamos,
ni de dónde venimos...!

EL ASTRÓNOMO

Jalil Gibrán (versión libre)

Con mi amigo, observamos un ciego solitario,
[sentado a la sombra de un templo.
Comentó mi amigo:
—He allí al hombre más sabio de la tierra.
—Cuando mi amigo se fue, me acerqué al hombre.
[Platicamos. Le dije:
—Perdona mi indiscreción, ¿pero desde cuándo
[eres ciego?
Me contestó:
—Desde que nací.
Le pregunté entonces:
—¿Y cuál es tu camino de sabiduría?
Me contestó:
—La astronomía.
Después, puso una mano sobre su corazón y
[continuó:
—Veo los soles, las lunas, las estrellas.

LA ORACIÓN POR TODOS

Víctor Hugo

Ve a rezar, hija mía, ya es la hora
de la conciencia y del pensar profundo
cesó el trabajo afanador, y al mundo
la sombra va a colgar su pabellón.
Sacude el polvo el árbol del camino,
al soplo de la noche; y en el suelto
manto de la sutil neblina envuelto
se ve temblar el viejo torreón.
¡Mira!, su ruedo de cambiante nacar
el occidente más y más angosta;
y enciende sobre el cerro de la costa
el astro de la tarde su fanal.
Para la pobre cena aderezado
desnudos,
brilla el albergue rústico; y la tarda
vuelta al labrador la esposa aguarda
con su tierna familia en el umbral.
Brota del seno de la azul esfera
uno tras otro fulgido diamante
y ya apenas de un carro vacilante
se oye a distancia el desigual rumor.
Todo se hunde en la sombra: el. monte, el valle,
y la iglesia y la choza y la alquería,
pincel.
Y los destellos últimos del día
se orienta en el desierto el viajador.

Naturaleza toda gime: el viento
en la arboleda, el pájaro en el nido,
y la oveja en su trémulo balido,
y el arroyuelo en su correr fugaz.
El día es para el mal y los afanes.
¡He aquí la noche plácida y serena!
El hombre, tras la cuita y la faena,
quiere descanso y oración y paz.
Sonó en la torre la señal: los niños
conversan con espíritus alados;
y los al cielo levantados,
invocan de rodillas al señor.
Las manos juntas y los pies
fe en el pecho, alegría en el semblante
con una misma voz, a un mismo instante
al padre universal piden amor.
Y luego dormirán: y en leda tropa,
sobre su cuna volarán ensueños,
ensueños de oro, diáfanos, risueños,
visiones que imitar no osó él
y ya sobre la tersa frente posan,
ya beben el aliento a las bermejas
bocas, como lo chupan las abejas
a la fresca azucena y al clavel.
Como para dormirse bajo el ala
esconde su cabeza la avecilla,
tal la niñez en su oración sencilla
adormece su mente virginal.
¡Oh dulce devoción que reza y ríe!
¡De natural piedad primer aviso!,
¡Fragancia de la flor del paraíso!,
¡Preludio del concierto celestial!

Ve a rezar, hija mía. Y ante todo
ruega a Dios por tu madre; por aquella
que te dio el ser, y la mitad más bella
de su existencia ha vinculado en él;
que en su seno hospedó a tu joven alma,
de una llama celeste desprendida;
y haciendo dos porciones de la vida,
tomó el acibar y te dio la miel.
Ruega después por mí. Más que tu madre,
lo necesito yo... sencilla, buena,
modesta como tú, sufre la pena
y devora en silencio su dolor.
A muchos compasión, a nadie envidia,
la vi tener en su fortuna escasa.
Como sobre el cristal la sombra, pasa
sobre su alma el ejemplo corruptor.
No le son conocidos.... ¡Ni lo sean
a ti jamás!..., los frívolos azares
de la vana fortuna, los pesares
cenudos que anticipan la vejez;
de oculto oprobio el torcedor, la espina
que punza a la conciencia delincuente,
la honda fiebre del alma, que la frente
tiñe con enfermiza palidez.
Mas yo la vida por mi mal conozco,
conozco el mundo, y sé su alevosía;
y tal vez de mi boca oirás un día
lo que valen las dichas que nos da.
Y sabrás lo que guarda a los que rifan
riquezas y poder, la urna aleatoria,
y que tal vez la senda que a la gloria
guiar parece, a la miseria va.

Viviendo, su pureza empaña el alma,
y cada instante alguna culpa nueva
arrastra en la corriente que la lleva
con rápido descenso al ataúd.
La tentación seduce; el juicio engaña;
en los zarzales del camino deja
alguna cosa cada cual: la oveja
su blanca lana, el hombre su virtud.
Ve, hija mía, a rezar por mí, y al cielo
pocas palabras dirigir te baste:
"Piedad, señor, al hombre que criaste;
eres grandeza; eres bondad; ¡Perdón!"
Y Dios te oirá; que cual del ara santa
sube el humo a la cúpula eminente,
sube del pecho cándido, inocente,
al trono del eterno la oración.
Todo tiende a su fin, a la luz pura
del sol, la planta; el cervatillo atado,
a la libre montaña, el desterrado,
al caro suelo que lo vio nacer;
y la abejilla en el frondoso valle,
de los nuevos tomillos al aroma;
y la oración en alas de paloma
a la morada del supremo ser.
Cuando por mí se eleva a Dios tu ruego,
soy como el fatigado peregrino
que su carga a la orilla del camino
deposita y se sienta a respirar;
porque de tu plegaria el dulce canto
alivia el peso a mi existencia amarga,
y quita de mis hombros esta carga
que me agobia de culpa y de pesar.
Ruega por mí, y alcánzame que vea,
en esta noche de pavor, el vuelo

de un ángel compasivo, que del cielo
traiga a mis ojos la perdida luz.
Y pura, finalmente, como el mármol
que se lava en el templo cada día,
arda en sagrado fuego el alma mía,
como arde el incensario ante la cruz.

III

Ruega, hija, por tus hermanos,
los que contigo crecieron
y un mismo seno exprimieron,
y un mismo techo abrigó.
Ni por los que te amen solo
el favor del cielo implores:
por justos y pecadores
Cristo en la cruz expiró.
Ruega por el orgulloso
que ufano se pavonea,
y en su dorada librea
funda insensata altivez;
y por el mendigo humilde
que sufre el seno mezquino
de los que beben el vino
porque le dejan la hez.
Por el que de torpes vicios
sumido en profundo cieno,
hace aullar el canto obsceno
de nocturna bacanal;
y por la velada virgen
que en solitario lecho
con la mano hiriendo el pecho
reza el himno sepulcral.
Por el hombre sin entrañas,

en cuyo pecho no vibra
una simpática fibra
al pesar y a la aflicción;
que no da sustento al hambre,
ni a la desnudez vestido,
ni da la mano al caído,
ni da a la injuria perdón.
Por el que en mirar se goza
su puñal de sangre rojo,
buscando el rico despojo
o la venganza cruel;
y por el que en vil libelo
destroza una fama pura,
y en la aleve mordedura
escupe asquerosa hiel.
Por el que surca animoso
la mar, de peligros llena;
por el que arrastra cadena,
y por su duro señor;
por la razón que leyendo
en el gran libro vigila;
por la razón que vacila;
por la que abraza el error.
Acuérdate, en fin, de todos
los que penan y trabajan;
y de todos los que viajan
por esta vida mortal.
Acuérdate aun del malvado
que a Dios blasfemando irrita.
La oración es infinita:
nada agota su caudal.

¡Hija!, Reza también por los que cubre
la soporosa piedra de la tumba,
profunda sima donde se derrumba
la turba de los hombres mil a mil:
abismo en que mezcla polvo a polvo
y pueblo a pueblo; cual se ve a la hoja
de que el anoso bosque abril despoja,
mezclar las suyas otro y otro abril.
Arrodilla, arrodíllate en la tierra
donde segada en flor yace mi Lola,
coronada en angélica aureola;
do helado duerme cuanto fue mortal
donde cautivas almas piden preces
que las restauren a su ser primero
y purguen las reliquias del grosero
vaso que las contuvo terrenal.
¡Hija!, cuando tú duermes, te sonríes,
y cien apariciones peregrinas
sacuden retozando tus cortinas:
travieso enjambre, alegre, volador.
Y otra vez a la luz abres los ojos,
al mismo tiempo que la aurora hermosa
abre también sus párpados de rosa
y da a la tierra el deseado albor.
¡Pero esas pobres almas!... ¡Si supieras
que sueño duermen!... su almohada es fría;
duro su lecho; angélica armonía
no regocija nunca su prisión.
No es reposo el sopor que las abruma;
para su noche no hay albor temprano;
y la conciencia, velador gusano,
les roe inexorable el corazón.

Una plegaria, un solo acento tuyo,
hará que gocen pasajero alivio,
y que de luz celeste un rayo tibio
logre a su oscura estancia penetrar;
que el atormentador remordimiento
una tregua a sus víctimas conceda,
y del aire, y el agua, y la arboleda
oigan el apacible susurrar.
Cuando en el campo con pavor secreto
la sombra ves, que de los cielos baja,
la nieve que las cumbres amortaja,
y del ocaso el tinte carmesí:
en las quejas del aura y de la fuente
¿no te parece que una voz retiña?
Una doliente voz que dice: "Niña,
cuando tú reces, ¿rezarás por mí?
Es la voz de las almas. A los muertos
que oraciones alcanzan, no escarnece
el rebelado arcángel, y florece
sobre su tumba perennal tapiz.
Mas, ¡ay!, a los que yacen olvidados
cubre perpetuo horror, hierbas extrañas
ciegan su sepultura; a sus entrañas
árbol funesto enreda la raíz
y yo también (no dista mucho el día)
huésped seré de la morada oscura
y el ruego invocaré de un alma pura
que a mi largo penar consuelo dé.
Y dulce entonces me será que vengas,
y para mí la eterna paz implores,
y en la desnuda loza esparzas flores,
siemple tributo de amorosa fe.
¿Perdonarás a mi enemiga estrella,
si disipadas fueron una a una

las que mecieron tu mullida cuna
esperanzas de alegre porvenir?
Si le perdonaras; y mi memoria
te arrancara una lágrima, un suspiro
que llegue hasta mi lóbrego retiro
y haga mi helado polvo rebullir.

TANATOS, LA MUERTE

E, inevitablemente, está la muerte, con su traje de luto.

Todos los poetas le cantan, acaso intentando conjurarla. En la imposibilidad de su propósito, la hacen obsesión.

De Jorge Manrique a Neruda, de Gutiérrez Nájera a Vallejo, la muerte impone su presencia y sus modales, su sonrisa indiferente.

PIEDRA NEGRA SOBRE UNA PIEDRA BLANCA

César Vallejo

Me moriré en París, con aguacero,
un día del que tengo ya el recuerdo.
Me moriré en París, y no me corro,
tal vez un jueves, como es hoy, de otoño.
Jueves será porque hoy, jueves, que proso
estos versos, los húmeros me he puesto
a la mala, y jamás como hoy me he vuelto
con todo mi camino, a verme solo.
"César Vallejo ha muerto". Le pegaban
todos, sin que él hiciera nada.
Le daban duro con un palo, y duro
también con una soga. Son testigos
los días jueves y los huesos húmedos,
la soledad, la lluvia, los caminos.

NADA

Carlos Pezoa Véliz

Era un pobre diablo que siempre venía
cerca de un gran pueblo donde yo vivía;
joven, rubio y flaco, sucio y mal vestido,
siempre cabizbajo... ¡Tal vez un perdido!
Un día de invierno le encontraron muerto
dentro de un arroyo próximo a mi huerto,
varios cazadores que con sus lebreles
cantando marchaban... Entre sus papeles
no encontraron nada... Los jueces de turno
hicieron preguntas al guardián nocturno
éste no sabía nada del extinto,
ni el vecino Pérez, ni el vecino Pinto...
Una chica dijo que sería un loco
o algún vagabundo que comía poco.
Y un chusco que oía las conversaciones
se tentó de risa... ¡Vaya unos simplones!
Una paletada le echó el panteonero;
luego lió un cigarro, se caló el sombrero
y emprendió la vuelta... Tras la paletada,
nadie dijo nada, nadie dijo nada...

VUELVE EL AMIGO

Pablo Neruda

Cuando muere tu amigo,
en ti vuelve a morirse.

Te busca hasta encontrarte
para que tú lo mates.

Tomemos nota, andando,
conversando, comiendo,
de su fallecimiento.

Poco importante es lo que le ha pasado.
Todo el mundo sabía sus dolores.
Ya se murió, y apenas se le nombra.
Pasó su nombre y nadie lo detuvo.

Sin embargo él llegó después de muerto
para que sólo aquí lo recordáramos.
Él buscó nuestros ojos implorando.
No lo quisimos ver y no lo vimos.

Entonces ya se fue y ahora no vuelve.
No vuelve más, ya no lo quiere nadie.

EPITAFIO A NAHUEL

Reinaldo Lomboy

Perramente has muerto, Nahuel,
mísero perro, tirado por ahí,
igual que el hombre
que como un perro ha muerto.
Te helaron los inviernos,
las hambres te angustiaron
pero tenías libertad,
aún libertad
para buscar tu muerte.
Corrías los potreros tras las liebres,
el verde y pardo en fuga permanente,
y sola la ilusión te mantenía
de gustar su carne entre tus dientes.
Decías tantas cosas a tu amiga,
aquella en la ciudad encanallada:
—Perrita linda, ven conmigo,
aquí está suelto el campo
y es plácida la altura.
Para jugar contigo los conejos
burlando incitan en sus madrigueras.
Serás feliz conmigo, perra linda,
sola conmigo en la pradera abierta.
Nada decías de tus resquemores,
del enemigo negro que te odiaba,
cuya violencia de matón te hería
y toda la comida te robaba.

Dominante y bestial, siempre a mordiscos
castigó tu humildad de trasplantado.
Don Lalo, a veces, te amparaba.
Las más, como hombre, se olvidaba.
Nieve en sus ojos puso la montaña
azul velado como telarañas,
y con su hombre interior hablando a solas,
de tanto y tanto conversar callados,
a veces sí, a veces no,
a veces se olvidaba, Nahuel, de ti,
y de tu ulular desamparado.
Ahora, como un hombre, has dicho:
"¡Perra vida!", y te has tendido
bajo el Sol de agosto
a soledad morir,
igual que el hombre
tirado por ahí
que muere como un perro...

RETRATO VIVO DE MI PADRE MUERTO

Marino Muñoz Lagos

Murió en abril: tiempo de lluvia. Otoñecida
estrella le cubría la frente como un agua.
Era un hombre pequeño, realzado de pronto
por una lenta mano, florecida manzana.
Una sombra rebelde le dormía los ojos
como un álamo triste, como una llamarada.
Era en el tiempo niño: el tiempo inconmobible
de los bosques mojados en sus nobles estancias.
Allí nacía él; allí crecían lentamente
sus cábalas maestras, su suerte enmarañada;
allí, en las pobres vasijas, en el solar
terrestre donde la espiga levantaba
su fantasma perfecto, su pan crepusculario.
Le conocí de cerca una lenta mañana
de invierno... Como sabias monedas invariables
las nubes pasajeras sobre el techo cantaban.
Su mano sarmentosa se halló como la fina
prolongación del tallo de las dalias.
¡Era él!, ciertamente lo digo. Ciertamente
como que ahora escribo tendido sobre el alba.
Su rostro era tan triste. Sus ojos pensativos
recorrían celestes los cuadros de la casa.
Él era joven. A mí me parecía, más bien,
que sólo de un campesino pobre se trataba.
Era hijo del trigo. Venido de un barbecho
donde la luna muestra sus haciendas intactas.

Y en efecto lo era; nacido, más bien dicho,
entre un bosque brumoso y una verde montaña,
el campo se extendía por su cuerpo estrellado
y por sus venas rojas la tierra dura andaba.
Murió en abril, tiempo de lluvia, de lluvia
colonial: antigua lluvia, dolorosa campana.
Lo llevaron dormido entre muchos, entre
todos los hombres que vivieron el agua
gozando las estrellas, las nubes y los recios
contornos labradores de las grises comarcas.
Le conocí de cerca; le traté tantas veces.
Conversamos del tiempo, del trigo y su esperanza.
Murió en abril... Yo estaba lejos. Su esqueleto
mineral bajo un huerto florido descansa.

COPLAS

Jorge Manrique

Recuerde el alma dormida
avive el seso y despierte
contemplando,
cómo se pasa la vida,
cómo se viene la muerte
tan callando:
cuán presto se va el placer,
cómo después de acordado
da dolor,
cómo a nuestro parecer
cualquiera tiempo pasado
fue mejor.
Y pues vemos lo presente
cómo en un punto es ido
y acabado,
si juzgamos sabiamente,
daremos lo no venido
por pasado.
No se engañe nadie, no,
pensando que ha de durar
lo que espera
mas que dudo lo que vio,
porque todo ha de pasar
por tal manera.
Nuestras vidas son los ríos
que van a dar en el mar,
que es el morir;

allí van los señoríos
derechos a se acabar
y consumir;
allí los ríos caudales,
allí los otros medianos
y más chicos;
allegados, son iguales
los que viven por sus manos
Y los ricos.

EL RUEGO

Gabriela Mistral

Señor, tú sabes cómo con encendido brío,
por los seres extraños mi palabra te invoca.
Vengo ahora a pedirte por uno que era mío,
mi vaso de frescura el panal de mi boca,
cal de mis huesos, dulce razón de la jornada,
gorjeo de mi oído, ceñidor de mi veste.
Me cuido hasta de aquellos en que no puse nada:
¡no tengas ojo torvo si te pido por éste!
Te digo que era bueno, te digo que tenía
el corazón entero a flor de pecho, que era
suave de índole franco como la luz del día,
henchido de milagro como la primavera.
Me replicas, severo, que es de plegaria indigno
el que no untó de preces sus dos labios febriles
y se fue aquella tarde sin esperar tu signo,
trizándose las sienes como vasos sutiles.
Pero yo, mi Señor, te arguyo que he tocado,
de la misma manera que el nardo de su frente,
todo su corazón, dulce y atormentado.
¡Y tenía la seda del capullo naciente!
¿Que fue cruel? Olvidas, Señor, que la quería,
y que él sabía suya la entraña que llegaba.
¿Que enturbió para siempre mis linfas de alegría?
¡No importa! Tú comprende: ¡Yo lo amaba, le amaba!
Y amar (bien sabes de eso) es amargo ejercicio;
un mantener los párpados de lágrimas mojados,

un refrescar de besos las trenzas del cilicio
conservando, bajo ellas, los ojos extasiados.
El hierro que taladra tiene un gustoso frío,
cuando abre, cual gabillas, las carnes amorosas.
Y la cruz (Tú te acuerdas, ¡oh Rey de los Judíos!)
se lleva con blandura, como un gajo de rosas.
Aquí me estoy, Señor, con la cara caída
sobre el polvo, parlándote un crepúsculo eterno,
o todos los crepúsculos a que alcance la vida,
si tardas en decirme la palabra que espero.
Fatigaré tu oído de preces y sollozos,
lamiendo, lebrel tímido, los bordes de tu manto,
y ni pueden huirme tus ojos amorosos
ni esquivar tu pie el riego caliente de mi llanto.
¡Di el perdón, dilo al fin! Va a esparcir en el viento
la palabra el perfume de cien pomos de olores
al vaciarse; toda agua será deslumbramiento;
el yermo echará flor y el guijarro esplendores.
Se mojarán los ojos obscuros de las fieras,
y, comprendiendo, el monte que de piedra forjaste
llorará por los párpados blancos de sus neveras:
¡toda la tierra tuya sabrá que perdonaste!

MUERO PORQUE NO MUERO...

Santa Teresa de Jesús

Vivo sin vivir en mí
y tal alta vida espero,
que muero, porque no muero.

Aquesta divina unión,
del amor con que yo vivo,
hace a Dios ser mi cautivo,
y libre mi corazón:
más causa en mí tal pasión
ver a mi Dios prisionero
que muero porque no muero.

¡Hay qué larga es esta vida,
qué duros estos destierros,
esta cárcel y estos hierros
en que el alma está metida!
Sólo esperar la salida
me causa un dolor tan fiero,
que muero porque no muero.

· · ·

Sólo con la confianza
vivo de que he de morir,
porque muriendo el vivir,
me asegura mi esperanza;

muerte do el vivir se alcanza,
no te tardes, que te espero,
que me muero porque no muero.

Mira que el amor es fuerte;
vida no me seas molesta,
para ganarte, perderte:
venga ya la dulce muerte,
venga el morir muy ligero,
que me muero porque no muero.

Aquella vida de arriba
es la vida verdadera:
hasta que esta vida muera,
no se goza estando viva;
muerte no me seas esquiva;
vivo muriendo primero,
que muero porque no muero!.

· · ·

El pez que del agua sale
aun de alivio no carece:
a quien la muerte padece
al fin la muerte le vale:
¿qué muerte habrá que se iguale
a mi vivir lastimero,
si muero porque no muero?

· · ·

Cuando me gozo, Señor,
con esperanza de verte,
viendo que puedo perderte
se me dobla mi dolor:
viviendo en tanto pavor,

y esperando como espero,
que muero porque no muero.

         . . .

Lloraré mi muerte ya,
y lamentaré mi vida,
en tanto que detenida
por mis pecados está.
¡Oh, mi Dios, cuando será,
cuando yo diga de verso
que muero porque no muero!

EPITAFIO AL SEPULCRO DE TOMÁS MORO

Lope de Vega

Aquí yace un moro santo
en la vida y en la muerte,
de la Iglesia muro fuerte
mártir por honrarla tanto.

Fue Tomás, y más seguro
fue Bautista que Tomás,
pues fue, sin volver atrás,
mártir, muerto, moro y muro.

PARA ENTONCES

M. Gutiérrez Nájera

Quiero morir cuando decline el día,
en alta mar y con la cara al cielo;
donde parezca un sueño la agonía,
y el alma, un ave que remonta el vuelo.

No escuchar en los últimos instantes,
ya con el cielo y con el mar a solas,
más voces ni plegarias sollozantes
que el majestuoso tumbo de las olas.

Morir, cuando la luz, triste retira
sus áureas redes de la onda verde,
y ser como ese Sol que lento expira:
algo muy luminoso que se pierde...

Morir, y joven: antes que destruya
el tiempo aleve la gentil corona;
cuando la vida dice aún: soy tuya,
aunque sepamos bien que nos traiciona!

EL VIOLÍN DE YANKO

Marcos Rafael Blanco-Belmonte

"Madre, la selva canta,
y canta el bosque y canta la llanura,
y el roble que a las nubes se levanta,
y la flor que se dobla en la espesura,
y canta y juega el viento en el camino,
y en el rubio trigal las amapolas,
y en el cauce del arroyo cristalino,
y los troncos, los tallos, las corolas,
la tierra, el cielo azul, la mar gigante,
y las hierbas que bordan el barranco.
Madre, es una canción dulce y vibrante,
que a Yanko llega y que comprende Yanko".

Era Yanko un chicuelo,
más rubio y sonrosado que la aurora,
con los ojos tan puros como el cielo
y el alma cual de artista soñadora.
La música del campo lo atraía...
adivinaba un himno en los rumores,
que el viento recogía
al besar los arbustos y las flores,
y en el gorjeo matinal del ave,
y en el silencio de la noche grave
y en el cáliz gentil de la violeta,
hallaba una canción tierna y sin nombre,
la canción sacrosanta del poeta
que apenas puede comprender al hombre.

Siempre que del mesón en la cocina
brotaban los armónicos raudales
de un violín cuya nota cristalina
es dulce cual la miel de los panales,
él escuchaba con sublime encanto
esa canción de arrullador cariño,
y con los ojos húmedos de llanto,
"quién tuviera un violín", pensaba el niño.
La voluntad, emperatriz altiva,
prestó a Yanko inventiva,
para hacer un violín débil, crugiente,
cual hecho de un caballo con las crines
y con ramas de verdes limoneros;
violín tan semejante a los violines
como un trozo de vidrio a los luceros...
Mas, ¡ay!, en tal violín fue el llanto queja,
y fue la queja destemplado grito:
¡cual ruiseñor no gime la corneja
ni anida la endecha seductora
en un violín que llora cuando canta
en un violín que chilla cuando llora!
Una noche estival, todo fulgores,
al entreabrir sus párpados el cielo,
y al entornar sus cálices las flores,
arriesgóse el chicuelo
a entrar en la cocina,
y a impulsos de sus ansias ideales
tomó el rico violín de voz perlina
y le arrancó torrentes musicales.
Los peones: "Al ladrón", despavoridos
gritaron, despertándose del sueño
y sordos a los ruegos y gemidos,
feroces maltrataron al pequeño.
Agonizaba Yanko, en su agonía,
febril y estertoroso, repetía:

"Madre, la selva canta,
y canta el bosque y canta la llanura,
y el roble que a las nubes se levanta,
y la flor que se dobla en la espesura,
y las alondras al tender el vuelo,
y las hierbas que bordan el barranco".
Y al expirar el niño, en noble anhelo,
dijo: "¿Verdad, mamita, que en el cielo
Dios le dará un violín al pobre Yanko?"

CERRARON SUS OJOS

Gustavo Adolfo Bécquer

Cerraron sus ojos,
que aún tenía abiertos;
taparon su cara
con un blanco lienzo;
y unos sollozando,
y otros en silencio,
de la triste alcoba
todos se salieron.
La luz, que en un vaso
ardía en el suelo,
al muro arrojaba
la sombra del lecho;
y entre aquella sombra
veíase a intervalos
dibujarse rígida
la forma del cuerpo.
Despertaba el día,
y a su albor primero,
con sus mil ruidos
despertaba el pueblo.
Ante aquel contraste
de vida y misterios,
de luz y tinieblas,
medité un momento:
"¡Dios mío, qué solos
se quedan los muertos!"

De la casa en hombros
lleváronla al templo
y en una capilla
dejaron el féretro.
Allí rodearon
sus pálidos restos
de amarillas velas
y de paños negros.
Al dar de las ánimas
el toque postrero,
acabó una vieja
sus últimos rezos;
cruzó la ancha nave,
las puertas gimieron,
y el santo recinto
quedóse desierto.
Del último asilo,
obscuro y estrecho,
abrió la piqueta
el nicho a un extremo.
Allí la acostaron,
tapiáronla luego,
y con un saludo
despidióse el duelo.
La piqueta al hombro
el sepulturero,
cantando entre dientes
se perdió a lo lejos.
La noche se entraba,
reinaba el silencio;
perdido en las sombras,
medité un momento:
"¡Dios mío, qué solos
se quedan los muertos!"

En las largas noches
del helado invierno,
cuando las maderas
crujir hace el viento
y azota los vidrios
el fuerte aguacero,
de la pobre niña
a solas me acuerdo.
Allí cae la lluvia
con un son eterno;
allí la combate
el soplo del cierzo.
¡Del húmedo muro
tendida en el hueco,
acaso de frío
se hielan sus huesos!...

EL SEMINARISTA DE LOS OJOS NEGROS

Miguel Ramos Carrión

I

Desde la ventana de un casucho viejo
abierta en verano, cerrada en invierno
por vidrios verdosos y plomos espesos,
una salmantina de rubio cabello
y ojos que parecen pedazos de cielo,
mientras la costura mezcla con el rezo,
ve todas las tardes pasar en silencio
los seminaristas que van de paseo.

Baja la cabeza, sin erguir el cuerpo,
marchan en dos filas pausados y austeros,
sin más nota alegre sobre el traje negro,
que la beca roja que ciñe su cuello
y que por la espalda casi roza el suelo.

II

Un seminarista, entre todos ellos,
marcha siempre erguido, con aire resuelto.
La negra sotana dibuja su cuerpo
gallardo y airoso, flexible y esbelto.
Él solo a hurtadillas y con el recelo
de que sus miradas observen los clérigos,
desde que en la calle vislumbra a lo lejos
a la salmantina de rubio cabello,
la mira del fijo, con mirar intenso.

292

Y siempre que pasa le deja el recuerdo
de aquella mirada de sus ojos negros.

III

Monótono y tardo va pasando el tiempo
y muere el estío y el otoño luego,
y vienen las tardes plomizas de invierno.

Desde la ventana del casucho viejo
siempre sola y triste rezando y cosiendo,
la tal salmantina de rubio cabello
ve todas las tardes pasar en silencio
los seminaristas que van de paseo.

Pero no ve a todos; ve sólo a uno de ellos;
su seminarista de los ojos negros.

IV

Cada vez que pasa gallardo y esbelto,
observa la niña que pide aquel cuerpo
en vez de sotana marciales arreos.

Cuando en ella fija sus ojos abiertos
con vivas y audaces miradas de fuego,
parece decirla: —¡Te quiero!, ¡Te quiero!,
¡yo no he de ser cura, yo no puedo serlo!
¡Si yo no soy tuyo me muero, me muero!

A la niña entonces se le oprime el pecho,
la labor suspende, y olvida los rezos,
y ya vive sólo en sus pensamientos
el seminarista de los ojos negros.

V

En una lluviosa mañana de invierno
la niña que alegre saltaba del lecho,
oyó tristes cánticos y fúnebres rezos:
por la angosta calle pasaba un entierro.

Un seminarista sin duda era el muerto;
pues, cuatro, llevaban en hombros el féretro
con la beca roja por cima cubierto,
y sobre la beca el bonete negro.

Con sus voces roncas cantaban los clérigos;
los seminaristas iban en silencio,
siempre en las dos filas hacia el cementerio,
como por las tardes al ir de paseo.

La niña angustiada miraba el cortejo:
los conoce a todos a fuerza de verlos...
Tan sólo, tan sólo faltaba entre ellos,
el seminarista de los ojos negros.

VI

Corrieron los años, pasó mucho tiempo...
Y allá en la ventana del casucho viejo,
una pobre anciana de blancos cabellos,
con la tez rugoza y encorvado el cuerpo,
mientras la costura mezcla con el rezo,
ve todas las tardes pasar en silencio
los seminaristas que van de paseo.

La labor suspende, los mira y al verlos,
sus ojos azules ya tristes y muertos
vierten silenciosas lágrimas de hielo.
Sola, vieja y triste, aún guarda el recuerdo
del seminarista de los ojos negros.

NOCTURNO

Una noche
una noche toda llena de murmullos
de perfumes y de música de alas,
una noche
en que ardían en la noche nupcial y húmeda
las luciérnagas fantásticas;
a mi lado, lentamente, contra mí ceñida toda,
muda y pálida
como si un presentimiento de amarguras infinitas
hasta el más secreto fondo de las fibras te agitara.
Por la senda florecida que atraviesa la llanura
caminabas;
y la luna llena
por los cielos azulosos, infinitos y profundos
esparcía su luz blanca,
y tu sombra,
esbelta y ágil
fina y lánguida,
y mi sombra
por los rayos de la luna proyectadas,
sobre las arenas tristes
de la senda se juntaban
y eran una,
y eran una,
y eran una sola sombra larga,
y eran una sola sombra larga...

Esta noche
solo; el alma
llena de infinitas amarguras
y agonías de la muerte
separado por ti misma por el tiempo,
por la tumba y la distancia,
por el infinito negro
donde nuestra voz no alcanza,
mudo y solo,
por la senda caminaba...
Y se oían los ladridos de los perros a la luna,
a la luna pálida,
y el chillido
de las ranas...

Sentí frío; era el frío que tenían en tu alcoba
tus mejillas, y tus sienes y tus manos adoradas,
entre las blancuras níveas
de las mortuorias sábanas;
era el frío del sepulcro, era el hielo de la muerte
era el frío de la nada;
y mi sombra
por los rayos de la luna proyectada,
iba sola,
iba sola,
iba sola por la estepa solitaria;
y tu sombra esbelta y ágil,
fina y lánguida,
como en esa noche tibia de la muerta primavera,
como en esa noche llena de murmullos, de perfumes
y de música de alas,
se acercó y marchó con ella,
se acercó y marchó con ella,
se acercó y marchó con ella... ¡Oh, las sombras
                                            [enlazadas!

¡Oh las sombras de los cuerpos que se juntan
                    [con las sombras de las almas!
¡Oh, las sombras que se buscan en las noches
                    [de tristezas y de lágrimas!...

GRATIA PLENA

Amado Nervo

Todo en ella encantaba, todo en ella atraía:
su mirada, su gesto, su sonrisa, su andar...
El ingenio de Francia de su boca fluía;
era llena de gracia, como el Avemaría;
¡quien la vio no la pudo ya jamás olvidar!
Ingenua como el agua, diáfana como el día,
rubia y nevada como Margarita sin par,
al influjo de su alma celeste, amanecía...
Era llena de gracia, como el Avemaría,
¡quien la vio no la pudo ya jamás olvidar!
Cierta dulce y amable dignidad la investía
de no sé qué prestigio lejano y singular.
Más que muchas princesas, princesa parecía:
era llena de gracia como el Avemaría;
¡quien la vio no la pudo ya jamás olvidar!
Yo gocé el privilegio de encontrarla en mi vía
dolorosa; por ella tuvo fin mi anhelar,
y cadencias arcanas halló mi poesía.
Era llena de gracia, como el Avemaría,
¡quien la vio no la pudo ya jamás olvidar!
¡Cuánto, cuánto la quise! Por diez años fue mía;
¡pero flores tan bellas nunca pueden durar!
Era llena de gracia, como el Avemaría,
y a la Fuente de gracia, de donde procedía,
se volvió... como gota que se vuelve a la mar.

PÍNTAME ANGELITOS NEGROS

Andrés Eloy Blanco

¡Ah mundo! ¡La negra Juana,
la mano que le pasó!
Se le murió su negrito,
sí señor.
¡Ay compadrito del alma!
¡Tan sano que estaba el negro!
Yo no le acataba el pliegue,
yo no le miraba el güeso;
como yo me enflaquecía,
lo medía con mi cuerpo;
se m'iba poniendo flaco,
como yo m'iba poniendo...
Se me murió mi negrito;
Dios lo tendría dispuesto.
Ya lo tendrá colocao
como angelito del cielo.
Desengáñese comadre,
que no hay angelitos negros...
Pintor de santos de alcoba,
pintor sin tierra en el pecho,
que cuando pintas tus santos
no te acuerdas de tu pueblo,
que cuando pintas tus vírgenes,
pintas angelitos bellos,
pero nunca te acordaste
de pintar un ángel negro;

pintor nacido en mi tierra,
con el pincel extranjero;
pintor que sigues el rumbo
de tantos pintores viejos,
aunque la Virgen sea blanca,
¡píntame angelitos negros!
No hay un pintor que pintara
angelitos de mi pueblo.
Yo quiero angelitos rubios,
con angelitos morenos;
ángel de buena familia
no basta para mi cielo.
Aunque la Virgen sea blanca,
píntame angelitos negros.
Si queda un pintor de santos,
si queda un pintor de cielos,
que haga el cielo de mi tierra
con los tonos de mi pueblo;
con sus ángeles catires
con sus ángeles trigueños,
con su ángel de perla fina,
con su ángel de medio pelo,
con sus angelitos blancos,
con sus angelitos indios,
con sus angelitos negros,
que vayan comiendo mango
por las barriadas del cielo...
Si sabes pintar tu tierra,
así has de pintar tu cielo,
con su sol que tuesta blancos,
con su sol que suda negros,
porque para eso lo tienes
calientico y de los buenos.
Aunque la Virgen sea blanca,

píntame angelitos negros.
Si al cielo voy algún día,
tengo que hallarte en el cielo,
angelitico del diablo,
serafín cucurusero.
No hay una iglesia de rumbo,
no hay una iglesia de pueblo,
donde hayan dejando entrar
al cuadro angelitos negros,
y entonces ¿a dónde van,
angelitos de mi pueblo,
zamuritos de Guaribe,
torditos de Barlovento?
Pintor que pintas tu tierra,
si quieres pintar tu cielo,
cuando pintes angelitos,
acuérdate de tu pueblo,
y al lado del ángel rubio
y junto al ángel trigueño;
aunque la Virgen sea blanca,
¡píntame angelitos negros!

VOY A DORMIR

Alfonsina Storni

Dientes de flores, cofia de rocío,
manos de hierbas, tú, nodriza fina,
tenme prestas las sábanas terrosas
y el edredón de musgos escardados.
Voy a dormir, nodriza mía; acuéstame.
Ponme una lámpara a la cabecera;
una constelación; la que te guste;
todas son buenas; bájala un poquito.
Déjame sola; déjame romper los brotes...
te acuna un pie celeste desde arriba
y un pájaro te traza unos compases
para que olvides... Gracias... Ah, un encargo:
si él llama nuevamente por teléfono
le dices que no insista, que he salido...

NOTAS BIOGRÁFICAS

A

ACUÑA Manuel (1849-1873). Mexicano. Poeta y dramaturgo. Romántico. **Poesías, El Pasado** (drama).

AGUIRRE Y FIERRO Guillermo (1887-1949). Mexicano. Periodista y poeta. Romanticismo. **Sonrisas y Lágrimas.**

ALMAFUERTE (Pedro Bonifacio Palacios) (1854-1917). Argentino. Profesor y poeta. **Lamentaciones, Poesías completas.** Compuso décimas con el nombre de **Milongas.**

ÁLVAREZ QUINTERO Hnos. (Serafín 1871-1938); (Joaquín 1873-1944). Españoles. Dramaturgos costumbristas. **La Buena Sombra, El Patio y las Flores, Las de Caín.**

AMICIS Edmundo de (1846-1908). Italiano. Novelista y poeta. **España, Holanda, Los Amigos, Corazón.**

ANDRADE OLEGARIO Víctor (1841-1882). Argentino. Poeta, periodista y político. Romántico. **Nido de Cóndores, La Vuelta al Hogar.**

ARCINIEGAS Ismael Enrique (1865-1938). Colombiano. Poeta, periodista y diplomático. Del grupo La Lira Nueva. Romántico. **Poesías, Traducciones poéticas, Los Trofeos de Heredia.**

ARETINO Pietro (Pietro Bacci) (1492-1556). Italiano.

Renacimiento. Dramaturgo y Poeta. **Diálogos, Sonetos Lujuriosos, Pasquinadas, Razonamientos Caprichosos.**

ARÉVALO MARTÍNEZ Rafael (1844-1975). Guatemalteco. Poeta y novelista. Modernista. **Maya, Los Atormentados, Las Fieras del Trópico, El Hombre que Parecía un Caballo.**

ARIOSTO Ludovico (1474-1533). Italiano. Renacimiento. Poeta y Dramaturgo. **Poesías líricas latinas, La Cassaria, Orlando furioso.**

B

BALLAGAS Emilio (1908-1954). Cubano. Poeta y ensayista. Poesía negra. Premio Nacional de Literatura. **Júbilo y Fuga, Cuadernos de Poesía Negra, Elegías sin nombre, Nuestra Señora del Mar, Cielo en Rehenes.**

BARQUERO Efraín (1931). Chileno. Poesía social impregnada de ternura. **La Piedra del Pueblo, La Compañera, Enjambre, Maula.**

BÉCQUER Gustavo Adolfo (1836-1870). Español. Romántico. **Rimas, Leyendas, Cartas desde mi celda.**

BENEDETTI Mario (1920). Uruguayo. Novelista y poeta. **La Tregua, Gracias por el Fuego, Poemas del Hoy por Hoy, Poemas de la Oficina.**

BERDIALES Germán. Argentino, contemporáneo. Dramaturgo y poeta. **Obra dispersa.**

BLANCO Andrés Eloy (1897-1955). Venezolano. Modernista. **Poda, Barco de Piedra, Navegación de Altura.**

BLANCO BELMONTE Marcos Rafael (1871-1936). Español.

BLOMBERG Héctor Pedro (1890-1955). Argentino. Periodista, novelista y poeta. A la Deriva, Guitarras Rojas, Canciones Históricas, Los Aventureros (Nobel).

BRECHT Bertold (1898-1956). Dramaturgo, poeta y ensayista. Fundador del BERLINER ENSEMBLE. La Ópera de Tres Centavos, Madre Coraje, El Círculo de Tiza Caucasiano.

BYRON Lord (George Gordon Noel) (1788-1824). Inglés. Romántico. El Corsario, La Peregrinación de Childe Harold, Don Juan.

C

CARRAL Manuel del (1907). Dominicano. Poeta y novelista. Vanguardia. Antología Clave, Historia de mi Voz, El Cupido (novela).

CALDERÓN DE LA BARCA Pedro (1600-1681). Español. Siglo de Oro. La Vida es Sueño, El Alcalde de Salamea, El Gran Teatro del Mundo.

CAMPAÑA Antonio (1922). Chileno Ensayista, crítico literario y poeta. La cima ardiendo, El infierno del paraíso, El regresado, El tiempo en la red, Cortejo terrestre.

CAMPOAMOR Ramón de (1817-1901). Español. De la Real Academia, Poeta y prosista. Romántico en una época. Ternezas y Flores, Fábulas, Doloras, Humoradas.

CARRERA ANDRADE (1903-1978). Ecuatoriano. Novelista, poeta, ensayista y diplomático. El estanque inefable, Boletines de mar y tierra, Latitudes, Edades poéticas.

CARRIEGO Evaristo (1833-1912). Argentino. Poeta y dramaturgo. Romántico. **Misas Herejes, Los que pasan, Flor de arrabal.**

CASTILLO OTTO René (1936-1967) Guatemalteco. Miembro de la guerrilla que lucha en su país natal, fue asesinado por los militares. **Tecúm Umán, Vamos Patria a Caminar.**

CASONA Alejandro (1903-1965). Español. Dramaturgo. Premio Nacional de Literatura. **La Sirena Varada, Flor de Leyenda, Los Árboles Mueren de Pie, Nuestra Natacha.**

CETINA Gutierre de (1520-1557). Español. Poeta. Petrarquista. Autor de sonetos, epístolas, canciones y madrigales.

COPPÉE Francois (1842-1908). Francés. Poeta, prosista y dramaturgo. Miembro de la Academia Francesa. **El Transeúnte, Los Humildes, El Buen Sufrimiento.**

CHOCANO José Santos (1875-1934). Peruano. Modernista. **El Derrumbe, Alma América, Fiat Lux, Poemas del amor doliente.**

D

D'ANNUNZIO Gabriel (1863-1938). Italiano. Poeta, dramaturgo y novelista. **Elogios del Cielo, del Mar y de los Héroes, El Placer, El Fuego, La Ciudad Muerta.**

DARÍO Rubén (1867-1916). Nicaragüense. Modernista. **Abrojos, Rimas, Azul, Los Raros, Prosas Profanas, Cantos de Vida y Esperanza.**

Harris County Public Library
Cy-Fair College Branch
281-290-3210

Customer ID: * * * * * * * * * ***8644**

Title: Poes | ias inmortales para toda
ocasi | | n
ID: 34028049490775
Due: 08/17/09

Title: The Christmas train /
ID: 34028048620190
Due: 08/17/09

Total items: 2
8/3/2009 4:57 PM

Items due by date shown
Please retain this receipt
Renew vis telecirc 713-747-4763
or online at www.hcpl.net

DE LA CRUZ Sor Juana Inés (1651-1695). Mexicana. Barroco. **Neptuno Alegórico, Océano de Olores, Segundo Tomo.**

DE LEÓN Fray Luis (1527-1591). Español. Renacimiento. Poesía dispersa (Profecía del Tajo).

DE LEÓN Rafael. Poeta español.

DEL PALACIO Manuel (1831-1906). Poeta y prosista que se caracteriza por la ironía, discípulo de Campoamor y Zorrilla. **Veladas de Otoño, Melodías Íntimas, Chispas.**

E

ELIOT Thomas Stearn (1888-1965). Norteamericano. Poeta, dramaturgo y crítico. **Tierra Yerma, Miércoles de Ceniza, Asesinato en la Catedral.** Premio Nobel 1948.

ESPRONCEDA José de (1808-1842). Español. Romántico. **El Estudiante de Salamanca, El Diablo Mundo, Poesías.**

F

FELIPE León (1884-1968). Español. **Versos y Oraciones del Caminante, Ganarás la luz, Antología Rota.**

FERNÁNDEZ DE MORATÍN Leandro (1760-1828). Español. Dramaturgo y poeta neoclásico. **La Derrota de los Pedantes, El sí de las Niñas, La Comedia Nueva.**

FERNÁNDEZ MORENO Baldomero (1886-1950). Argentino. Premio Nacional de Literatura. **Aldea Española, Parva, Sonetos, La Mariposa y la Vida.**

FLORIT Eugenio (1903). Cubano. Gongorismo. **32 Poemas Breves, Trópico, Reino, Hábito de Esperanza.**

FORT Paul (1872-1960). Francés. Simbolista. Príncipe de Poetas. **Baladas Francesas, Mis Memorias.**

FRÍAS José D. (1891-1936). Mexicano. Periodista, novelista y poeta. **El Clamor de las Sirenas, Versos Escogidos.**

G

GARCÍA LORCA Federico (1898-1936). Español. Poeta y dramaturgo. **Romancero Gitano, Canciones, Poeta en Nueva York, Doña Rosita, la soltera, La Casa de Bernarda Alba.**

GERALDY Paul (1885-1963). Francés. Poeta y Dramaturgo. **Tú y yo, El hombre y el amor, Clindindín, Tragedias Ligeras, Amar, Tres Comedias Sentimentales.**

GIBRÁN Jalil (1883-1931) Libanés. Poeta conocido por sus parábolas y aforismos, entre sus libros destacan: **El Profeta, Arena y Espuma, El Loco.**

GÓNGORA Y ARGOTE Luis de (1561-1627). Español. Poeta y dramaturgo renacentista. Creador del culteranismo o gongorismo. **Fábulas de Polifemo, La Galatea, Soledades.**

GONZÁLEZ MARTÍNEZ Enrique (1871-1952). Mexicano. Poeta y diplomático. Reacción contra el modernismo. **Preludios, Parábolas, Poemas Truncos, Villano al Viento.**

GOROSTIZA José (1901-1973). Mexicano. Poeta del grupo Los Contemporáneos. **Canciones para Cantar en las Barcas, Muerte sin Fin.**

GUEVARA Miguel de (1585-1646). Mexicano. No publicó libros. Es autor de célebres sonetos.

GUILLÉN Nicolás (1902). Cubano. Poesía negra. **Sóngoro consongo, West Indies Ltd., El Son Entero, Tengo.**

GUTIÉRREZ NÁJERA (1860-1895). Mexicano. Modernista. **Cuentos Frágiles, Cuentos de Color Humo, De Blanco.**

H

HERNÁNDEZ José (1834-1886). Argentino. Periodista y poeta. Poesía gauchesca. **Martín Fierro.**

HUGHES LANGSTON (1902-1967). Norteamericano. Poeta y novelista negro. **Weary Blues, Shakespeare en Harlem, Ask Your Mama.**

HUGO Víctor (1802-1885). Francés. Poeta, dramaturgo y novelista. Romántico. **Odas, Hernani, Los Miserables, Las Contemplaciones.**

HUIDOBRO Vicente (Vicente García Huidobro Fernández). (1893-1948). Chileno. Creacionismo. **Canciones en la Noche, Horizon Carré, Altazor, Cagliostro** (novela).

HURTADO Rafael (1908-1973). Chileno. **Molienda de Horizontes.**

I

IBARBOUROU Juana de (1895-1979). Uruguaya. Se la llama Juana de América, **Lenguas de Diamante. La Rosa de los Vientos, Romances del Destino, Elegía.**

J

JARA Ramón Ángel (1887-1943). Chileno. Opispo. Esporádicamente poeta.

JIMÉNEZ Juan Ramón (1881-1958). Español. Romántico. **Jardines Lejanos, Poemas Mágicos y Dolientes, Platero y yo.** Premio Nobel en 1956.

K

KHAYYAM Omar (Siglos XI y XII). Persa. Poeta, astrónomo y matemático. **Rubaiyat.**

KIPLING Rudyard (1865-1936). Inglés. Novelista, cuentista y poeta. **El Libro de la Jungla, Kim, Capitanes Intrépidos.** Premio Nobel en 1907.

L

LELLIS Mario Jorde de (1922-1966). Argentino. **Ciudad sin Tregua, Cantos Humanos.**

LEOPARDI Giacomo (1798-1837). Italiano. Poeta y filósofo. **Opúsculos Morales, Versos, Pensamientos Diversos.**

LOMBOY Reynaldo (1910). Chileno. Predominantemente novelista. **Ránquil.**

LÓPEZ Juan Pedro (1905). Uruguayo. Obra dispersa.

LÓPEZ DE MENDOZA Íñigo (Marqués de Santillana). (1398-1458). Español. Poeta y prosista. **Proemio. Sonetos Hechos al Itálico Modo, Blas contra Fortuna.**

LÓPEZ VELARDE Ramón (1889-1921). Mexicano. Poeta y prosista. **La Sangre Devota, Zozobra, El Son del Corazón.**

LUGONES Leopoldo (1874-1938). Argentino. Poeta, ensayista, cuentista. El más importante de su época. **Los Mundos, Lunario Sentimental, Romancero, Cuentos Fatales.**

M

MACHADO Antonio (1875-1921). Español. Modernista. **Campos de Castilla, Soledades, Galerías y otros poemas.**

MANRIQUE Jorge (1440-1479). Español. **Coplas por la muerte de su padre.**

MARQUINA Eduardo (1879-1946). Español. Modernista en una época. Poeta y novelista. **Las Hijas del Cid, En Flandes se ha puesto el sol, Vendimion.**

MARQUERÍE Alfredo. Español. Poeta del creacionismo.

MARTI José (1853-1895). Cubano. Prosista, poeta y dramaturgo. Llamado El Apóstol por su entrega a la causa de la independencia de Cuba. **La República Española ante la Revolución Cubana, Patria y Libertad, Escenas Norteamericanas.**

Matta Pedro (1875-1946). Español. Novelista y poeta. **Corazones sin Mundo, Muñecos, Más allá del Amor y de la Vida.**

Mirlo José (1924). Español. Obra dispersa. **El remanso del ensueño. Fue así, Poesías, Últimos poemas.**

Mistral Gabriela (Lucila Godoy Alcayaga). (1889-1957). Chilena. **Desolación, Tala, Lagar, Motivos de San Francisco.** Premio Nobel en 1945.

Monvel María (1899-1936). Chilena. Periodista, narradora y poeta.

Muñoz de Cota José (1907). Mexicano. Abogado. Poeta, orador y periodista. **Romance tallado al alba.**

Muñoz Lago Marino (1933). Profesor y poeta chileno. Obra dispersa.

N

Navarro Rubén C. (El Padre Jerrao). (1897). Mexicano. Poeta y diplomático. Creador del Premio Nacional de Literatura. Obra dispersa.

Neruda Pablo (Neftalí Reyes). (1904-1973). Chileno. Poeta y diplomático. **Crepusculario, Veinte Poemas de Amor y una Canción Desesperada, Residencia en la Tierra, Odas elementales.** Premio Nobel en 1971.

Nervo Amado (Amado Ruiz). (1870-1919). Mexicano. **Las Místicas, Piedras Negras, Serenidad, El Estanque de los Lotos, La Amada Inmóvil.**

O

OBLIGADO Pedro Miguel (1892-1945). Argentino. **Gris, El Ala de la Sombra, El Hilo de Oro.**

OTHÓN Manuel José (1858-1906). Mexicano. Premodernista. **Himno de los Bosques, La Globa, Victoriosa.**

P

PAGAZA Joaquín Arcadio (1839-1918). Mexicano. Obispo de Veracruz. **Murmullos de la Selva, Algunas Trovas Íntimas.**

PALES MATOS Luis (1898-1959). Portorriqueño. Modernista en una época. Fundador del diepalismo. **Azalea, Tantún de Pasa y Grifería.**

PEIRE José E. (1918). Argentino. Obra dispersa.

PETRARCA Francisco (1304-1374). Italiano. Renacentista. **África, Cancionero.**

PEZA Juan de Dios (1852-1910). Poeta de lenguaje sencillo y espontáneo. **Poesías Completas.**

PLAZA Antonio (1833-1882). Mexicano. Muy popular en su época. **Álbum del Corazón.**

PRUDHOMME Sully (René-Francois Armand Prudhomme, (1839-1907). Francés, parnasiano, Premio Nobel, de Literatura en 1901. **Las Soledades, Los Vanos Afectos, Los Destinos.**

PEZOA VÉLIZ Carlos (1879-1908). Chileno. Modernista en una época. **Alma Chilena, Las Campanas de Oro.**

PRIETO DE LANDAZURI Isabel (1833-1876). Española. Romanticismo. Traductora de Víctor Hugo. Poemas dispersos. **Bertha de Sonnenberg.**

Q

QUASIMODO Salvatore (1901-1968). Italiano. **Aguas y Tierras, La Vida no es Sueño, La Tierra Incomparable.** Premio Nobel de Literatura en 1959.

QUEVEDO Francisco de (1580-1645). Español. Poeta y prosista. Siglo de Oro. **Sueños, Historia de la Vida del Buscón llamado don Pablos, La Vida de Marco Bruto, La Culta Latiniparla.**

QUINTANA ROO Andrés (1787-1851). Mexicano. Político y literato. **Oda al 16 de Septiembre de 1821.**

R

RAMOS CARRIÓN Miguel (1848-1915). Español. Poeta y dramaturgo. **Cada Loco con su Tema, La Marsellesa, Los sobrinos del Capitán Grant.**

REBOLI Ida. Argentina, contemporánea, profesora. Parte importante de su poesía está dedicada a los niños.

RIVA PALACIO Vicente (1832-1896). Mexicano. Poeta y prosista. **El Libro Rojo, Al Viento.**

ROKHA Pablo de (Carlos Díaz Loyola) (1894-1968). Chileno. **Los Gemidos, Suramérica, U, Morfología del Espanto, Canto del Macho Anciano.** Premio Nobel de Literatura.

ROSTAND Edmond (1868-1918). Francés. Poeta y dra-

316

maturgo. **Cyrano de Begerac, El Aguilucho, Chantecler.**

RUIZ DE ALARCÓN Juan (1580-1639). Mexicano. Dramaturgo y poeta. Siglo de Oro. **La Verdad Sospechosa, Las Paredes Oyen.**

S

SESTO Julio (1879-1960). Español. Catedrático, poeta y prosista. **La Bohemia de la Muerte, Biografía y Anecdotario Pintoresco de cien Mexicanos Célebres.**

SILVA José Asunción (1865-1896). Colombiano. Promodernista y romántico. **Poesías.**

SILVA Víctor Domingo (1882-1960). Chileno. Dramaturgo, narrador, político y diplomático. **Hacia allá, El Derrotero, La Selva Florida, Poemas de Ultramar.**

STORNI Alfonsina (1892-1938). Uruguaya. Postmodernista. **La Inquietud del Rosal, Irremediablemente, Mundo de Siete Pozos, Poemas de Amor.**

T

TABLADA Juan José (1871-1945). Mexicano. Poeta y periodista. **Un día..., Li Po y otros poemas, Historia del Arte en México.**

TAGORE Rubindranath (1861-1941). Indio. Poeta, novelista y dramaturgo. **Ofrenda Lírica, Gitanjali, Gora.** Premio Nobel en 1913

TERESA DE JESÚS, Santa (1515-1582). Española. Mística. **Las Moradas, Castillo Interior.**

TIEMPO César (Isaac Zeitlin, 1906). Argentino, nacido en Rusia. Narrador, ensayista, dramaturgo y poeta. **Libro para la pausa del sábado, El teatro soy yo, Quiero vivir, Pan criollo.**

V

VALJALO David (1929). Chileno. **Los Momentos sin Número, El Otro Fuego, Trece Poemas, Poemas de la Resistencia.**

VALLEJO César (1892-1938). Peruano. **Los Heraldos negros, Trilce, Poemas Humanos, España, aparta de mi ese cáliz.**

VEGA Lope de (1562-1635). Español. Poeta y dramaturgo. Siglo de Oro. **El Mejor Alcalde, el Rey, Fuente Ovejuna, Cancionero General.**

VERLAINE Paul (1844-1896). Francés. **Poemas Saturnianos, Fiestas Galantes, Poemas Malditos, Elegías.**

VILLAESPESA Francisco (1877-1936). Español. Romántico y modernista. Poeta y dramaturgo. **El Alcázar de las Perlas, Aben Humeya, Los Nocturnos del Generalife.**

W

WHITMANN Walt (1819-1892). Norteamericano. Panteístas, épico. **Hojas de Hierba.**

Z

ZORRILLA José (1817-1893). Español. Romántico. **El Zapatero y el Rey**, **Don Juan Tenorio**, **Sancho García**.

ZUGASTI Carlos (1936). Poeta, cuentista y periodista. Obra dispersa.

ESTA EDICIÓN SE TERMINÓ DE IMPRIMIR
EL 17 DE OCTUBRE DEL 2001 EN LOS TALLERES
TRABAJOS MANUALES ESCOLARES, S.A. DE C.V.
ORIENTE 142 No. 216, COL. MOCTEZUMA 2A. SECC.
15500, MÉXICO, D.F.